世界遺産 聖地日光

下野新聞社編集局［著］

下野新聞社

刊行に寄せて

日光東照宮宮司　稲葉久雄

平成27年の日光東照宮四百年式年大祭にあわせて下野新聞に連載された「聖地日光」は、東照宮を中心に古代から近代に至る日光の歴史をわかりやすく紹介して、好評を博しました。内容はもとより、新聞掲載時に用いられた鈴木源泉氏による「聖地日光」の題字も印象深く、この力強くも穏やかな題字に誘われて、多くの読者が本連載に目を留めたことと思います。それがこのたび書籍化されますことは、まことに喜ばしい限りです。

本書は、日光東照宮の創建と御祭神徳川家康公の御生涯から始まり、天海はじめ東照宮にゆかりのある人々の動向、次いで東照宮の建築と宝物について触れ、そこから過去に遡り、古代の日光山開山と中世の源氏による日光山信仰、一転して近代における東照宮存続の問題、新たに避暑地として注目された日光について述べています。全体としては東照宮を中心とした日光山の概説書として読むことができますが、テーマごとに掘り下げた内容は読み応え十分で、既に日光の歴史を勉強されている方にも新たな知見を授けてくれるに違いありません。

次に指摘しておきたいのは、一般の歴史書とは異なる本書の特徴です。それは、著者が日本全国に足を運び多くの社寺関係者や研究者を取材して執筆している点で、この手法こそは新聞記者の面目躍如たる部分です。単に歴史事実を並べるだけでなく、さまざまな立場にある人の歴史への思いを伝えてくれる点が、本書のもう一つの面白さだと言えましょう。

「聖地日光」の企画は、地域の歴史を後世に手渡していくことで、地方創生への柱とすることを目的に始まりましたが、これは、私が抱いていた四百年式年大祭のコンセプト、すなわち「東照宮御鎮座の原点を見つめ、未来を展望し、永続性・地域性・国際性を考慮して将来への盤石な礎を築く」という構想に合致したものでした。明治期にいち早く外国人を受け入れ、現在でも外国人観光客の多い日光には国際性が求められており、各時代に適応しながら先人が築いてきた繁栄は永続させていかねばならず、これらを地域の人々が協力して行っていかなければなりません。そうした将来構想を、原点に立ち返り歴史を参照しながら推し進めようとするのが私共東照宮の考えです。

「聖地日光」は上記構想を後押ししてくれるものと受け止めています。本書が多くの読者を得て、地域の発展に寄与するとともに、東照宮はじめ日光山の研究に役立ち、参拝者のガイドブックとしても大いに活用されますよう願っています。

刊行に寄せて

栃木県知事　福田富一

「聖地日光」の出版にあたり、一言お祝い申しあげます。

栃木県は、古代から中央と地方を結ぶ交通の要衝として栄え、永い歴史を刻んできました。数多《あまた》の人々が行き交い、文物の交流の舞台となった本県には、多様かつ豊かな文化が伝わり、現代まで脈々と継承されております。

また、美しい自然にも恵まれ、四季折々に色彩を変えながら織りなす本県の風景は、絶景として人気を博しております。

中でも、日光はその白眉とも言うべき存在であり、悠久の歴史の中でさまざまな文化を取り込み、豊かな自然が残るこの地域は、世界有数の観光都市として国内外に広く認知されております。その根幹をなす存在こそ「聖地日光」であり、現在では世界遺産にも登録されるなど、開山から1250年の時を経て、今なお人々を魅了してやみません。

「聖地日光」について、1年3カ月にわたって紙面を割いて執筆された本書は、丹念な取材のもと、時には大胆な仮説を織り交ぜつつ、その歴史をひもといていくものであり、その巧みな展開に、私もつい引き込まれ、毎回楽しみにしておりました。

また、その輝かしい面だけではなく、廃仏毀釈をはじめとする苦難の歴史、聖地保全への関係者の努力、未来への提言等に多くの紙面を割く姿勢は、「聖地日光」を後世に伝えようとする下野新聞社の崇高な理念を感じさせ、栃木県知事として心強く思うとともに、自身の職責の重みを改めて認識いたしました。

日光には、日本の歴史・文化のエッセンスが凝縮されております。「神仏習合」・「人工美と自然美の調和」・「二百六十余年にわたる平和」……まさに日光は「和」を現代に伝え、未来への道標となる「日本の光」といえる存在です。

日光について学ぶ上で、本書は大変優れており、家康公御鎮座400年・日光山開山1250年という記念すべき年に、このような書籍が発行されますことは、まさに時宜を得たものであり、「聖地日光」の歴史的意義を改めて内外に発信するとともに、この貴重な歴史遺産を継承していく一助となるものと考えております。

県では、本年2月に今後5年間の県政の基本方針となる「とちぎ元気発信プラン」を策定いたしました。先人たちのたゆまぬ努力の上に築かれた「今」を、より豊かで安心して暮らせる社会へと発展させ、「次」の世代に継承するため、オール栃木で取り組んで参ります。全国に、そして海外に、「とちぎの元気を発信」して参りましょう。

世界遺産

聖地日光

目次

第2部　徳川3代と天海

第3部 世界遺産の宝もの

第4部　開山1250年

第5部　新時代の風

※本書は下野新聞の長期連載企画「世界遺産　聖地日光」に加筆・修正をしたものです。
肩書きなどはすべて新聞掲載時のものです。

選ばれし「特別の地」──プロローグ

「日光東照宮って何が祀《まつ》られているんだっけ?」

知人らを連れ、境内を案内していた時のこと。40代、生粋の栃木県民からこんな質問を受けた。

答えは徳川家康《とくがわいえやす》の神霊《しんれい》。「常識でしょう」とあきれるかもしれないが、笑ってばかりもいられない。

国宝「日光山輪王寺大猷院《にっこうさんりんのうじたいゆういん》」は誰の墓所か? 「日光二荒山《ふたらさん》神社」の祭神は? 問われると、答えに窮する人が多い。

徳川宗家18代の恒孝《つねなり》さんは「日本人は歴史への関心が薄く、隣国の人たちとコミュニケーションがうまくいきません。ギャップがあるのです」と歴史を知ることの大切さを訴えている。

国際交流を進め発信力を高めるのにもまず、足元の歴史を知り、誇りを持つ必要があるだろう。

日光は選ばれた聖地である。徳川さんは「世界でも霊の力の強い、特別の地」と言っている。

奈良時代には修行僧の勝道《しょうどう》が大谷川《だいやがわ》の対岸に草庵《そうあん》を結んだ、と伝わる。中世では源氏の保護を受けて鎌倉幕府との関係が深まり、山岳宗教の一大拠点になった。

豊臣秀吉《とよとみひでよし》の小田原攻め後に北条《ほうじょう》氏に加担したとして領地を没収されて衰退したが、江戸時代の東照社造営で再び求心力を取り戻している。

明治維新の「神仏分離」では日光も二社一寺に分かれた。中禅寺湖周辺は外国人大使らの避暑地としてにぎわった歴史もある。

日光の最大の画期は、家康の神霊が鎮座したことだ。

２０１５年は家康の４００回忌に当たり、50年ごとの「式年大祭」が東照宮で営まれた。さかのぼること１００年前の大正前期。３００年式年大祭の記念事業を取り仕切ったのは、「日本資本主義の父」といわれた渋沢栄一《しぶさわえいいち》だった。懸案の防火設備を導入したほか、「世界最長の並木道」の日光杉並木街道を補修している。

旧幕臣として恩義に報いる気持ちもあったが、ひ孫の雅英《まさひで》さんは「それだけでなく、日本

日光東照宮の上空からヘリで日光市街を望む。左下は家康が眠る奥社

日光の歴史

766年	勝道上人、日光に四本龍寺創建。日光山開創と伝わる
814年	空海「勝道碑文」を著す
820年	空海来山伝説。滝尾権現勧請　二荒を日光に
848年	円仁、三仏堂、常行堂など創建と伝わる
1186年	源頼朝、常行堂に領地寄進
1210年	弁覚、日光山２４代座主に
1590年	秀吉、小田原北条氏下す　日光山の所領没収
1613年	天海、日光山貫主に
1616年	家康、死去。東照社造営始まる
1617年	家康の遺体日光に改葬
1636年	東照社大造替
1651年	家光死去。日光に埋葬
1868年	旧幕府軍日光を目指す。関係者の努力で戦火逃れる
1871年	神仏分離令で日光は二社一寺に
1879年	寺社保存のため保晃会設立

文化を守り伝える重要性も認識していたはず」と語る。

織田《おだ》信長《のぶなが》が大陸進出をしようとした意思は確認できないが、秀吉は朝鮮半島に兵を向けた。しかし家康は対外戦争を考えず、２６０年を超える「泰平《たいへい》の世」を実現した。狸《たぬき》おやじという側面ばかりが強調されるが、苦労人の彼はその重みを肌身に染みて感じていたに違いない。

神となった将軍が日光から見守る首都は現在、世界でもまれにみる巨大都市になっている。２０２０年開催の東京オリンピックでは日光も、海外からあらためて注目される場になるだろう。

第1部では、家康が何故に「日光に小さき堂を建てよ」と遺言し、どういう背景から江戸に首都機能を移したのか。側近の天台僧天海《てんかい》や幕閣が、日光をどう位置づけようとしたのか。2015年の式年大祭と2016年の鎮座の大祭、開山1250年を前に、日光と関係地を取材して探った。

本県出身の直木賞作家中村彰彦《なかむらあきひこ》さんは県の歴史案内書で「故郷を愛するということは、その風土と歴史を深く知り、一つの松明《たいまつ》として後世に手渡してゆくこと」と記している。それが「地方創生」の重要な柱になるのではないか。

第1部 神になった将軍

家康の遺言

下野の日光に小堂を

日光東照宮本殿の1キロ南に「御旅所《おたびしょ》」と呼ばれる小堂がある。日光最大の祭典である春秋の「千人武者行列」は、鎧《よろい》武者などに扮《ふん》した地元の人々が東照宮とこの御旅所を練り歩く。神社禰宜《ねぎ》の湯沢一郎《ゆざわいちろう》さんは「400年ほど前、徳川家康公の神霊を日光に移した『遷座《せんざ》の列』を再現しているのです」と話す。

当時の模様を絵巻物にした東照社縁起には「(1617年)3月15日、(静岡県の)久能山を後にした霊柩《れいきゅう》の列は、大僧正天海《てんかい》が先導し、日光山に安着したのは4月4日だった」とある。川越や佐野、鹿沼の寺院などに泊まりながら、黄金の神輿《みこし》でゆっくり運んだ。神の誕生を世に知らせる、天海演出の大行列だった。

家康は1603年に征夷大将軍となって江戸に幕府を開き、豊臣氏が滅亡すると元号を元和に改めて戦乱の終結を宣言。1616年4月17日に駿府《すんぷ》城で亡くなったとされる。胃がん

家康の神霊を祀る、日光東照宮で最も重要とされる本殿。拝殿とをつなぐ石の間を中心に祭礼が行われる

だったらしい。

静岡市歴史文化課の担当者によると、駿府城公園の北西にかつて五層の天守を持つ城があり、その二の丸で暮らしていた。市の資料には「1616年の正月、京の豪商が京や大坂ではやっていたタイの天ぷらを振る舞い、家康は榧《かや》の油で揚げた久能浜のタイにショウガ汁をかけて食べた」とある。そして数日後、藤枝で好きな鷹狩《たかがり》を楽しんでいた時に激しい腹痛に襲われ、床に伏せたという。

病状は徐々に悪化していたのだろう。いよいよ死を覚悟した家康は亡くなる半月前、天台僧の天海ら側近3人

神となった家康の肖像（日光東照宮蔵）

を病床に呼んで「遺体は駿河の久能山に葬り、葬儀を江戸の増上寺で行い、三河の大樹寺に位《い》牌《はい》を納め、一周忌がすぎてから、下野の日光山に小さき堂を建てて勧請《かんじょう》せよ」と指示し、「（日光に祀れば）八州の鎮守になるだろう」と遺言した。同席していた臨済僧の金地院崇伝《こんちいんすうでん》は「皆々、涙を流した」と日記に書いている。

こうして家康は75歳で波乱の生涯を閉じた。

遺言にある久能山は駿府城から南東八キロと近く、駿河湾を見渡せる景勝の地にある。江戸の増上寺は徳川の、大樹寺は父祖松平家の菩提寺《ぼだいじ》だった。しかし日光は訪れたこともない遠隔地である。

家康はなぜ、「日光に小堂を」と言ったのだろう。日光東照宮宮司の稲葉久雄《いなばひさお》さんは「家康公は（鎌倉幕府の歴史をつづった）吾妻鏡《あづまかがみ》を愛読するなど武家の棟梁《とうりょう》の源《みなもとの》頼朝《よりとも》を手本にしており、頼朝が崇敬した日光の二荒神《ふたらのかみ》を意識していた。自然の大要塞《ようさい》に鎮座し、平和を守りたいと考えたのです」と語る。家康の遺言が、聖地日光に新たな神を誕生させた。

神格化（上）

慌ただしく神への儀式

静岡市の日本平からロープウエーに乗って、標高２１５メートルの久能山に渡った。徳川家康が「（自らの遺体を）埋葬せよ」と言い残した久能山からは、南に石垣イチゴのハウス群、駿河の海が広がり、東には伊豆の山々が見える。

家康を祀る久能山東照宮は海抜１８０メートルの地にあり、社殿奥の宝塔は西を向いている。宮司の落合偉洲《おちあいひでくに》さんは「西の方には豊臣の残党がいるので、家康公はせっかく平和な世にしたのに再び戦乱になったらまずい、と見守るつもりだったのです」と語る。

真西に人生の３分の１を過ごした駿府、その延長上に母於大《おだい》の方が出産祈願をしたという鳳来寺、さらに誕生の地である岡崎城があることも関係していたのかもしれない。

久能山には寺があった。落合さんによると、奈良時代の僧行基《ぎょうき》がこの寺を久能寺と呼ぶようになり、西行《さいぎょう》も立ち寄って詠んだ歌が「山家集」に残る。戦国時代になって武田信玄《たけだしんげん》が

静岡市の久能山東照宮拝殿。家康の遺体はまず、久能山に納められた

防御性に富んだ地にあると知り、城を築いて久能城と称した。しかし武田が滅ぶと徳川の所有になったという。

家康が1616年4月17日、駿府城で亡くなると、遺体はその日のうちに、この久能山に移された。霊柩には側近の本《ほん》多《だ》正純《まさずみ》や天海らがお供し、ほかは登山を禁じられた。吉田神道家の梵舜《ぼんしゅん》の指揮の下、廟地《びょうち》の造営が夜を徹して行われたという。

梵舜の日記に「家康の遺体は雨の中、慌ただしく夜のうちに久能城に移った」とある。人目を避けるように、ごく少人数の側近と事情を知らない担ぎ手に絞って、今では1159段もある険しい久能山の夜道を駆け上ったようだ。

上野寛永寺の元執事長浦井正明《うらいしょうみょう》さんは「あの狭い道を上ったのは、代わる代わる担ぎ上げて、おそらく道を整備する人も含め250人ぐらい。ただ大多数は内容を知らされておらず、本当に分かっているのは最後に参列した60人ぐらいだろう」と推測する。

天下人が亡くなったのになぜ、目立たないように久能城に急いだのか。浦井さんは「速やかに神になるためには、家康の遺体を人前に出すことは絶対に避けねばならない。大名に見られたら、偉大な神になったということにワンクッションが入る。だから夜中に、降りしきる雨の中を急いで担ぎ上げたのです」と話す。

天海の弟子胤海《いんかい》の日記には、埋葬式は神道のみの形式で、すべて梵舜が執り行ったという趣旨の記述がある。人間家康が神になるために、時を置かずに儀式ができる久能山という舞台が必要だったのだ。

神格化（下）

秀吉は「豊国大明神」に

神になろうとした天下人は徳川家康だけではない。

京都東山の豊国《とよくに》神社には、関白に上り詰めた豊臣秀吉が「豊国大明神《とよくにだいみょうじん》」として祀られている。豊臣姓を連想させるが、小山市出身の禰宜《ねぎ》飯島滋郎《いいじましげお》さんは「もとは日本国の美称である『豊葦原瑞穂国《とよあしはらみずほのくに》』から取った神号です」と語る。

秀吉は１５９８年8月に62歳の生涯を終え、東山にある阿弥陀《あみだ》ケ峰に埋葬された。しかし朝鮮出兵のさなかだったため、その死はしばらく伏せられた。豊国廟の社僧を務めた吉田神道の梵舜の日記に「太閤御死去」と、その事実が短く記されている。

秀吉は別の神号「新八幡」を遺言したとされる。飯島さんによると、八幡大菩薩《はちまんだいぼさつ》は応神《おうじん》天皇を指し、源氏など武士の尊崇を集めた。秀吉は武家の棟梁源頼朝をより強く意識していた。

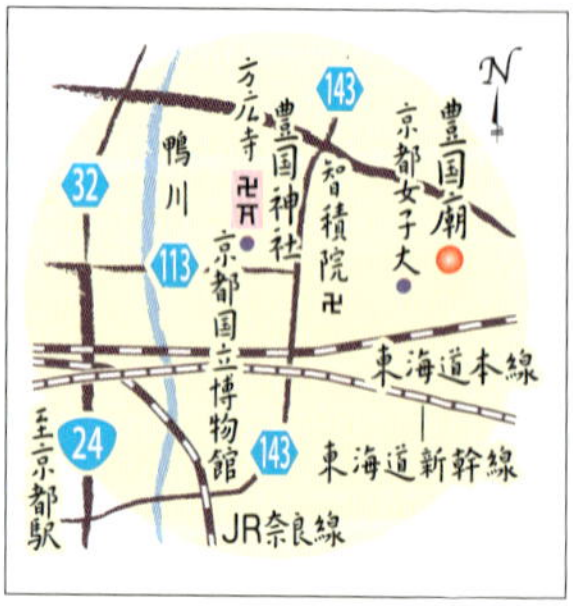

京都市東山区の豊国神社唐門から本殿を望む。右は神社禰宜飯島滋郎さん

それは小田原攻めの後、４００年前の頼朝による奥州征伐と同じ日程で宇都宮入りし、戦後処置の「仕置《しおき》」を行ったことでも分かる。直前に鎌倉の鶴岡八幡宮にある末寺に立ち寄り、中にある頼朝座像をなでながら「あなたは源氏の貴種だが、私は系図もないところから身を起こして天下を取ったのだから私の方が出世頭だ」と語りかけたというエピソードが神社に伝わる。

秀吉の死後、神号は生前の意思とは違って「豊国大明神」となった。秀吉の七回忌に当たる祭礼の様子を描いた神社蔵の豊国祭礼図屏風《びょうぶ》には、豊国廟の麓に造営された社殿が描かれ、焼失してしまった大仏殿が描かれている。当時の大仏は、今の奈良東大寺の大仏よりも高く、社の総面積は30万坪もあったという。

しかし豊臣家が滅亡すると、壮大な豊国社は破却され、草むらにうずもれた。糟糠《そうこう》の妻高《こう》台院《だいいん》の願いもあって本殿だけは残されたが、風雨にさらされるままだったという。

滋賀県立安土城考古博物館の資料は、織田信長の神格化にも触れている。イエズス会宣教師のルイス・フロイスの書簡に「彼は神にして不滅のものなるがごとく、尊敬せられんことを希望し、安土城の山に寺院を建築することを命じた」とある。ただ日本側の資料にはその片りんすらみえず、博物館の担当者は「慎重に検討すべきこと」としている。

東北大助教の曽根原理《そねはらさとし》さんは「信長は完全ではないが、秀吉ははっきり神に祀られた。しかし遺言とは異なる豊国大明神になったことも含め、周りとの意思疎通ができていない印象がある」と話す。間近で見ていた家康が、これを教訓にしたのは間違いない。

神号論争

大明神から大権現に

シーボルトがオランダに持ち帰ったコレクションに、焼失する前の駿府城の絵がある。城下から見えた五層の天守閣と富士山の対比は、きっと美しかったに違いない。

静岡市歴史文化課の担当者は「城址《しろあと》は今なお街づくりの核になっており、徳川家康公の将来を見据えた構想力のすごさを感じる」と話す。

家康はここで子孫繁栄、政権の永続をも構想していた。「日光山に小さき堂を」という遺言は、神となって日光に鎮座し政権を見守るための具体策だった。

ただ、どのような神にせよとは触れていない。

家康が亡くなった直後に久能山で行われた葬儀は、久能山東照宮宮司の落合偉洲《おちあいひでくに》さんによると、豊臣秀吉と同じように梵舜《ぼんしゅん》主導の吉田神道式で行われ、神号はそのまま明神になると思われた。

駿府城周辺

徳川家康が人生の３分の１を過ごした駿府城。最近になって巽櫓《たつみやぐら》（写真中央）と東御門が復元された

しかし、最終的に朝廷から家康に許された神号は「大権現《だいごんげん》」だった。幕府の方針が当初の「明神《みょうじん》」から「権現」に変わったのである。この背景には、久能山での遷座式を終えて駿府城に戻った臨済僧崇伝《すうでん》と、天台僧天海《てんかい》の論争があったとされる。天海と交流のあった天台僧慈性《じしょう》の日記には「ご遺言につき問答す」とだけある。

2代将軍秀忠《ひでただ》も同席したとされる遷座式の3日後のやりとりが、寛永寺の両大師伝記にある。それによると、崇伝が遺命通り久能山に葬ったという趣旨の報告をしたのに対し、天海が「ご遺命は山王一実神道であり、昨夜のは

（家康が）私に命じられたのとは違う」と爆弾発言を行った。

これに対し崇伝は「近例により神に祀れとの遺命によって葬っており（梵舜の）唯一神道は本意に違わない」と切り返したが、天海は「豊国大明神のように滅亡した悪しき例《あ》を（家康が）わざわざ指示してゆかれるはずがない」と断じた。

これを聞いていた本多正純《ほんだまさずみ》が「哀傷の折にこのような事を言うのは罪が重い。天海を遠島に処すべきだ」と天海を退座させている。

しかし処分はなかった。それどころか、慈性の日記によると、将軍秀忠は翌月下旬、天海を江戸城に呼んで家康の神号を「大権現に決す」と告げ、上洛《じょうらく》を命じている。

地元日光の歴史研究家田辺博彬《たなべひろあき》さんはこの経緯に触れて「伝記には誇張があるものもあり、正純がそう言ったかどうかは疑わしいが、天海の大勝利だったことは間違いない」と話す。それを裏付けるように崇伝は親しい人物に「以降、私はこのことに関わらない」と手紙を送っている。

山王一実神道

東照大権現で日光へ

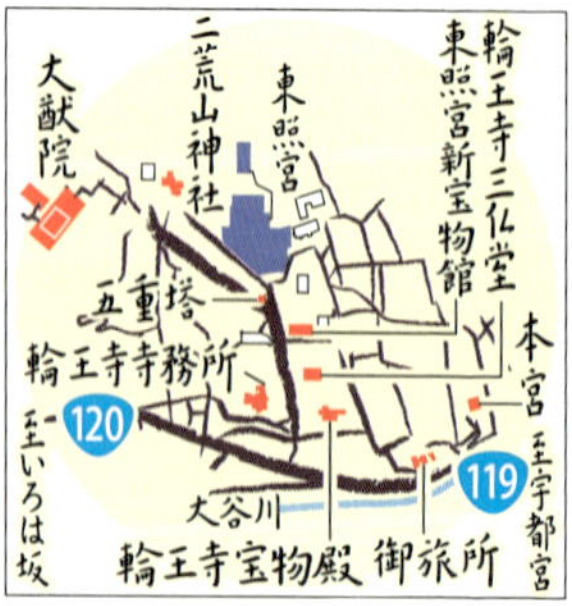

豊臣秀吉を祀った「大明神」とするか、それとも天台僧天海が主張する「権現」とするか。徳川家康の神格化をめぐる幕府の方針決定には時間がかかった。

動きがあったのは家康の死から半月ほど後、天台僧慈性が日記に「天海、江戸城に出仕」と書いた時のようだ。臨済僧崇伝との激しい神号論争での主張を、幕閣が江戸城であらためて尋ねたとされる。

江戸中期の書物「新《しん》蘆《ろ》面命《めんめい》」によると、幕閣による再三の質問に、天海は「明神は悪し。豊国大明神を見やれ、あれがよきかと」と言い放った。早稲田大名誉教授の菅原信海《すがはらしんかい》さんは著書でこの経緯に触れ、「ほとんど滅びようとしている豊臣家と同じようになってもいいのか、と言ったのであり、権現にすることがこの一言で決まってしまった」と説明している。

両大師伝記によると、2代将軍秀忠の同じような質問に天海は「（家康の）御遺命は山王《さんのう》

日光東照宮所蔵の東照社縁起には、大僧正天海を導師に、日光山に向かう霊柩の行列が描かれている

一実《いちじつ》の習合の神道だった」と答えている。どのような神道だったのか。

天海が開祖の天台宗上野寛永寺元執事長の浦井正明さんは「天台宗には平安末期から鎌倉初期にかけて成立した山王神道があり、天海はこれを発展大成させて山王一実神道にしたのです。神仏習合の本地垂迹《ほんじすいじゃく》説に立っていて、鎮護国家的な色彩が強く、このことが家康の神号決定の一つの要因にもなっているのです」と指摘している。

神が仏の化身として仮に現れるというのが本地垂迹思想であり、神仏が混在した当時の日光山は、その代表的な霊山だった。時代とともに山伏で知られる修験道が発達し、神仏習合に本地垂迹思想が加味されていったとされる。

家康はその日光に「小堂を建てて勧請せよ」と遺言した。

これを受けて天海は、神域と寺域の性格を併せ持った日光に祀るための、ふさわしい神号を「権現」と主張したのだった。

栃木県立博物館名誉学芸員で日光観音寺住職の千田孝明《ちだこうみょう》さんは「『明神』は神そのものですが、『権現』は仮に現れた神という意味で、本来の姿は本地仏。天海が権現にすべきとしたのは、神仏習合の伝統が確立していた日光山に祀る神の形態としては当然のことなのです」と解説する。

同じ文化圏の会津の出で、既に日光山の貫主になっていた天海は、これを熟知していただろう。

幕府の「権現」号決定を受けて天海は朝廷に申請し、朝廷側はこの際に「日本」「東光」などの権現号4案を示し、将軍秀忠が「東照大権現」を選んでいる。

家康はこうして東照大権現という神となって日光に鎮座し、崇伝が「権現で祀れば、日本国が山王一実神道に塗り替わる」と懸念した通り、宗教界も中心が関東の天海の下に移っていった。

遺体日光に

静岡市民は「ここに居る」

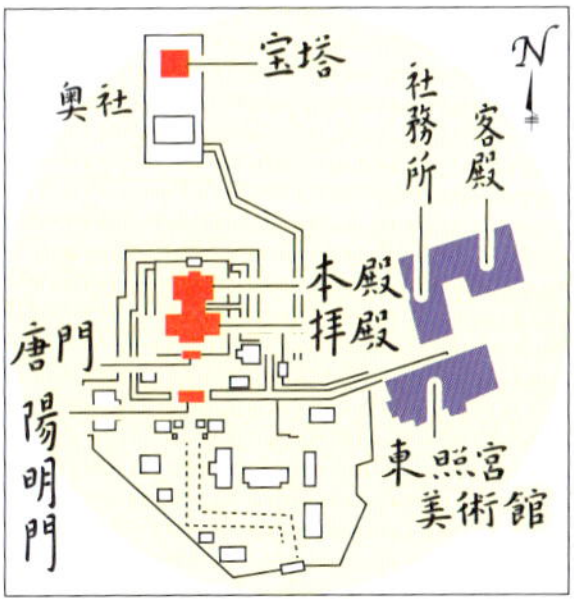

「余ハ此処《ココ》ニ居《ヲ》ル」

静岡商工会議所は、徳川家康の手形にこう書き込まれた400年祭向けのパンフレットを作った。「家康の遺体は久能山にある」という意味だ。刺激的なキャッチフレーズである。

会議所が2012年度、東京や大阪など大都市の3千人を対象に「家康と聞いて思い浮かべる地域」を意識調査したところ、愛知県岡崎市と日光市が5割近くと圧倒し、静岡市は1割に満たなかった。ただ静岡市民に絞って「家康公はどこに眠っているか」と聞くと、「久能山東照宮」と答えた人が4割弱で、「日光東照宮」をやや上回った。

同所総務企画課長の斉藤康博《さいとうやすひろ》さんは「家康公は静岡で人生の3分の1を過ごしており、遺体は久能山にあるというのが市民の共通認識です。会員企業が弁当などの商品に『余ハ此処ニ居ル』というキャッチフレーズを活用してプロジェクトを進めている影響もあるのでしょ

日光東照宮の奥社宝塔には家康の霊柩が納められている

う」と話す。

久能山東照宮宮司の落合偉洲《おちあいひでくに》さんは「ご遺体はここ久能山にあると思っている」と主張してやまない。

「四角いお棺に、たぶんあぐらをかいたまま、正装した形で地中深く埋葬されている。（日光には）鏡に御霊を移し、象徴的に土かなんかを持っていった可能性がある。ご遺体を日光に運ぶのなら久能山に大きな墓を造る必要はなかった。天海は『く（軀）のなきかみのみやうつしかな』という和歌まで残している」と言っている。

しかし研究者の多くは、遺体が日光に運ばれたことを既定の事実とみている。

上野寛永寺の元執事長浦井正明さんは「遺体が久能山に残っていては意味がない」と言い切る。「家康は母於大の方が薬師に願をかけ、生前から薬師の申し子と言われた。でも彼は死んで薬師の元に帰った。代わりに世に遣わされたのが、神になった東照大権現という考え方をしている。従って家康と東照大権現はイコールです。日光東照宮の本殿の後ろの扉が観音開きになっているのは、拝殿までしか上がれない大名が、そこで東照大権現を拝むと、後ろの（奥社にある）宝塔の家康を拝むことになるのです」と説明している。

東北大助教の曽根原理《そねはらさとし》さんも「天海編集の東照社縁起に（遺体を移した）藤原鎌足《ふじわらのかまたり》の例を踏襲したとあり、当時の宗教者の感覚でいけば、移さない方がかなり不自然。素直に取るべきだ」と指摘している。

遷宮に同行した公卿《くぎょう》烏丸光広《からすまるみつひろ》は日光山紀行に「尊體《そんたい》を日光へ遷《うつ》し奉《たてまつ》らる」と記している。もっと重い事実は、家康を慕った3代将軍家光《いえみつ》と、天海自身が日光に眠っていることだろう。

聖なる道

天下人北極星に見立て

「1枚の写真が、始まりだった」。日光東照宮元神職で特別顧問を務める高藤晴俊《たかふじはるとし》さんは、「東照宮最大の謎」に迫った経緯をこう振り返る。

宿直当番で夜間の境内巡回をしていた約25年前、国宝・陽明門の真上で輝く北極星の存在に心をひかれた。「誰も見たことのない写真が撮れるのでは……」

試行錯誤の末、納得の1枚が撮れたのは1年後。それはまるで陽明門を中心に宇宙全体が周回しているように見えたという。そして、ある仮説にたどり着く。

「この星が、日光鎮座の鍵を握っているはずだ」

古代中国では、北極星が宇宙の中心であり、全宇宙を支配する「天帝」の住居と信じられてきた。天帝から地上の支配者として「天命」を受けた者が、「天下人」になるという。

江戸幕府の本拠地「江戸城」のほぼ真北に位置する東照宮。江戸城を北上すると東照宮に

徳川家康ゆかりの「聖なるライン」

陽明門の真上に輝く北極星を中心に同心円を描いて周回する星々
（1989年冬、高藤さん撮影）

つながり、北極星までが南北の軸線で結ばれる。

このラインを「北辰（北極星）の道」と呼ぶ高藤さん。「造営者は家康公を北極星に見立てることで天帝と一体の存在にさせ、正統性を高めようとしたに違いない。東照宮の本質がそこにある」

家康ゆかりの「聖なるライン」はさらにつながる。

生誕の地の愛知県岡崎市と埋葬された久能山東照宮（静岡市）は、同緯度上にある。この2地点の間には、没した駿府城と、家康の母親が子授け祈願をした鳳来寺もあり、生死に関わる場所が東西一直線に並ぶ。まさに「太陽の道」だ。

そして「不死の道」。久能山の配置は楼門から本殿へと北北東に延び、不死の山といわれる富士山に続く。さらに延長すると、「徳川家遠祖の地」とされる世良田（群馬県太田市）を通り、日光にたどり着く。

それぞれ結ばれた3本の道が日光に集約され、北極星へと延びていく。高藤さんは「西に没した太陽が東でよみがえるように、久能山で神として再生した家康公が、不死の存在として世を照らしながら江戸を守る礎となった」と解説する。

東照宮は正確な地図もない時代に造営された。証拠が残っているわけでもなく、この解釈を「こじつけ」と切り捨てるのはたやすい。

「後付けの理論なのかもしれない」と認めた上で、高藤さんは反論する。

「東照宮をプロデュースした天台僧の天海は造営の途中で、この道の存在に気付いたはずだ。最初は偶然の一致だったかもしれないが、すべてが論理的に説明できてしまう。まさに日光は『約束された土地』だった」

少年竹千代

人質時代に軍略も学ぶ

静岡市の駿府城公園北西に、戦国大名今川《いまがわ》氏の菩提寺臨済寺《りんざいじ》が立っている。ここに徳川家康の人質時代の「竹千代《たけちよ》手習いの間」があると聞いて、訪ねてみた。

4畳半に机が一つ。花園大前学長で住職の阿部宗徹《あべそうてつ》さんが「こんなもん、江戸時代に造った偽物でっせ。家康が寺を焼いているんですから」と、笑いながら案内してくれた。

静岡大名誉教授の小和田哲男《おわだてつお》さんによると、家康は、竹千代と呼ばれた幼少時に母親と離別し、身内の裏切りに遭って織田に売りとばされ、この後に父親を暗殺されている。

これだけでも苦難の少年時代と言えるが、織田で6歳から2年、今川で12年も人質生活を送った。家康はここで今川義元《よしもと》の軍師で、外交にも長じた知謀の僧太原雪斎《たいげんせっさい》に出会っている。

織田にいた竹千代を人質交換によって駿府に連れ帰ったほか、甲斐《かい》の武田、相模の北条と

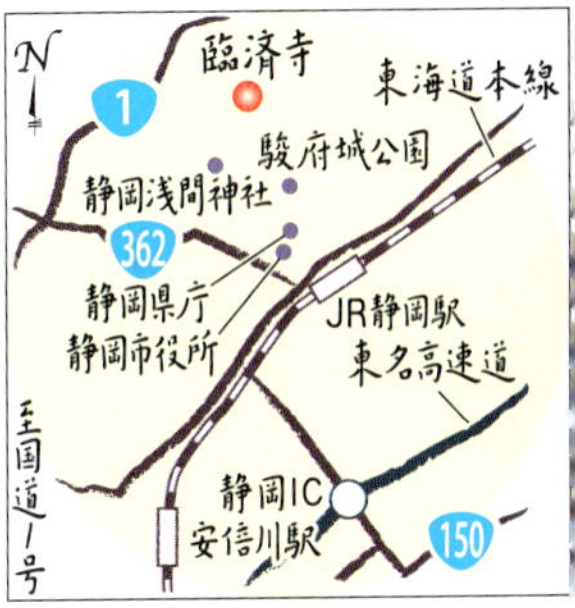

人質時代の家康が学んだとされる静岡市葵区の臨済寺

の間に「三国同盟」を斡旋《あっせん》したのは雪斎だとされる。

当時の寺は情報戦略の拠点だった。阿部さんは「儒教、孫子などを教えたが、今川の都合のいいように軍略も教育した。衛星国の若殿や地方豪族の子もやって来ており、雪斎はここで子弟を上手に手なずけながら甲斐や小田原に末寺をつくり、今川の政権安定を図ろうとしたのです」と語る。

駿府城近くに人質屋敷があり、家康はそこから通ったのだろう。しかし特別な教育を受けていたわけではなかったようだ。

阿部さんは「寺には芋を洗うように人

質がいっぱいいたんです。しかし義元のぼんぼんと、命ギリギリできょう一日を生き延びようとしている子とでは教えがいが違う。雪斎は、ハングリーで吸収力が高い竹千代の教育に自然と力が入っていったのでしょう」と話す。

雪斎は家康と出会って数年後、病もあって隠居し、60歳で世を去った。静岡市の資料によると、人質とはいえ家康は28人の遊び仲間を岡崎から同行させている。臨済寺ではこうした人材を通して、他家とのネットワークを拡大させることもできただろう。阿部さんは「だから武田が滅びると、家臣は家康のもとに行ったのです」と解説する。江戸の開府を担った人材の一端は、こんな広がりから得られたのではないか。

家康は晩年、臨済僧崇伝らを側近に用いている。これも雪斎のような指南役を求めての登用だろう。

雪斎の教育は、家康を学問好きにした。市の資料には「鎌倉幕府の記録・吾妻鏡《あづまかがみ》を愛読し、薬学・医学の知識も深かった」とある。識字率が外国と比べて高かったのは、家康の学問好きが影響したのかもしれない。

厭離穢土《おんりえど》の教え

「泰平の世」求め旗印に

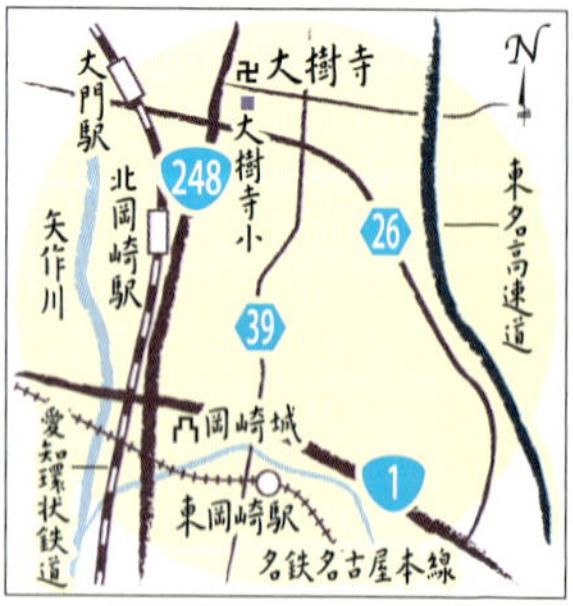

「家康を超えよ」

愛知県岡崎市にある大樹寺小学校の石碑に刻まれた言葉だ。すぐ横には、小さな像も立っている。

道路を1本隔てた向かいにある大樹寺は、徳川家康の先祖を弔う菩提寺。寺領を起源に持つ学校だけあって、校内は家康に関する張り紙やオブジェであふれている。全児童は、家康の生き方を学ぶ「家康学習」に取り組む。

ユニークなのは、30年も続く運動会の野外劇。「桶狭間の戦い」で織田信長勢に敗れ、生誕地・岡崎まで撤退した家康の「その後」を再現する。給食の時間を削ってまで、練習に没頭するのだという。

片桐徹《かたぎりとおる》教頭は「子供たちは劇を通じて、『平和な世の中』を目指した家康の心を実感する

家康の先祖を弔う大樹寺には、家康をはじめ徳川幕府歴代将軍の位牌が安置されている

のです」と説明する。

今川家に服従していた家康はあの時、運命の岐路に立たされていた。1560年、織田勢の急襲を受けた総大将今川義元があっけなく討ち死に。最前線にいた家康は孤立してしまう。

なんとか岡崎まで逃げ、大樹寺に陣を置いた。自城の岡崎城は南にたった3キロの距離。支配者である今川家の城代（家臣）が残っていたため、入城をはばかったのかもしれない。

その時の有名な挿話が、寺伝として残っている。寺執事の野村顕弘《のむらけんこう》さんは「家康は、先祖の墓前で切腹するつもりだった」と明かす。

そんな弱音を打ち明けられた住職の登誉《とよ》上人は、家康をいさめた。「名将ほど命を重んずるものである」と。そして、「厭離穢土《おんりえど》　欣求浄土《ごんぐじょうど》」という教えを授けたという。浄土宗の言葉で、「煩悩に穢《けが》れた現世を嫌い離れ、極楽浄土に往生することを心から願い求めること」を意味する。

登誉上人の真意はどこにあったのか。寺の解説はこうだ。「『戦国時代という人が殺し合う時代を鎮め、天下泰平の世の中をもたらしなさい。それがあなたに与えられた天命』と諭した」

自害を思いとどまった家康は、今川方の兵が逃走するのを待って、岡崎城への帰還を果たす。19歳。ついに自立の第一歩を踏み出した。

家康は以降、「厭離穢土　欣求浄土」の旗印を掲げ、戦場を駆け巡ったとされる。「徳川実紀」には「大坂夏の陣で京都を出発する時、岡崎時代からの例にならってこの旗を用いた」といった内容の記載がある。

「(勇ましい旗印を掲げた)他の武将と違い、自分は『泰平の世』実現のために戦っているんだと、訴えていたはずだ」。野村さんはそう確信している。

一敗の教訓

憔悴した姿 座右の絵に

徳川家康の人生唯一の敗戦に、1572年の三方ケ原《みかたがはら》戦役がある。

武田信玄の2万5千ともいわれる大軍を、遠江《とおとうみ》（静岡県）の三方ケ原で迎え撃ったが、武田の騎馬隊に蹴散らされて大敗を喫した。

徳川勢は、織田の援軍を加えても1万1千程度とされる。用心深く慎重な家康が、巨象のような相手に挑んでいった。作家司馬遼太郎《しばりょうたろう》さんの「覇王《はおう》の家」を読むと、31歳、若き家康が信玄の巧みな挑発に乗せられ「ここで死ぬぞ、死ぬぞ」と血気にはやって突撃していく姿が描かれている。

しかし家康はそんな無謀な戦いをする武将ではなかったようだ。静岡大名誉教授の小和田哲男さんは「最近の研究では、同盟者織田信長の圧力で、三河行きを阻止する時間稼ぎのため立ち上がらざるを得なかったという見方が濃くなっている。信長への恐怖心が強かったの

家康が慢心の自戒のため持ち続けた「しかみ像」（徳川美術館蔵）

です」と語る。

家康はこの戦いで1割、800人の兵を失ったという。8キロ南の浜松城に逃げる途中で何人もの三河武士が身代わりになって討ち死にした。小和田さんは「家康の朱色の鎧《よろい》を着たり、采配を振るって身代わりを務めた侍もいた。家康は三河武士の忠誠心によって、命拾いできたのです」と語る。

命からがら逃げ帰った浜松城で家康は、憔悴《しょうすい》し切った自らの姿を、お抱えの絵師に描かせている。

その「しかみ像」が2014年夏、名古屋市にある徳川美術館の企画展で公開された。かぶとを脱いで烏帽子《えぼし》姿の家康が、左足を組み、正面を見据えて座っている。『狸おやじ』と評された人物と思えないほど目が落ちくぼみ、頬がこけている。

徳川美術館学芸部長代理の原史彦《はらふみひこ》さんは「戦国武将は威厳に満ちた姿に見せるものですが、自分の最もみっともない姿をわざわざ描かせている。この絵を傍らに置いて、慢心を戒

家康が信玄に惨敗した静岡県の三方ケ原の古戦場跡

めたのです。こういう自画像は日本でおそらく、家康だけでしょう」と話す。

信玄はこの侵攻の帰路に病死。小和田さんは「家康はその死を喜ぶべきではないと兵を諫《いさ》めた。信玄は兵法など学ぶべき存在だったからです」と語る。

興味深いのは「しかみ像」が御三家ごとに書き写されて残されていたかもしれないことだ。公開された絵は、紀州徳川家から嫁いできた姫が嫁入り道具の一つに持参した作品で、原さんは「紀州本家に原本があった可能性はあるが、江戸屋敷が頻繁に火災に遭っており、原本がどうなったか分からない。紀州家のしかみ像は、原本を書き写して持ってきた可能性がある」とみている。

家康は信玄との戦いの失敗を、一族の教訓にした。

江戸入城

「経営困難」の関東へ

宇都宮市出身の小田原市文化財課長大島慎一《おおしましんいち》さんの案内で「太閤一夜城《たいこういちやじょう》」があったという高さ２５７メートルの石垣山に登った。東に相模湾が広がり、２・６キロ先に北条氏の小田原城が見える。

豊臣秀吉は１５９０年、水陸15万の兵を率いて北条氏の小田原城を包囲し、石垣山に城を築いた。

大島さんによると、総石垣の城は、完成を待って周りの木を切らせ、一晩で築いたように見せ掛けたという伝承から「一夜城」と呼ばれている。北条勢は、突然現れた石垣の本格城を見て戦意をなくし、降伏したとされる。

落城近い小田原城を見下ろせる石垣山城の裏山に、天下人への道を歩む秀吉が家康を誘ったと伝わる。幕府の正史徳川実紀には、秀吉がここで家康に「領地替え」を迫った、とある。

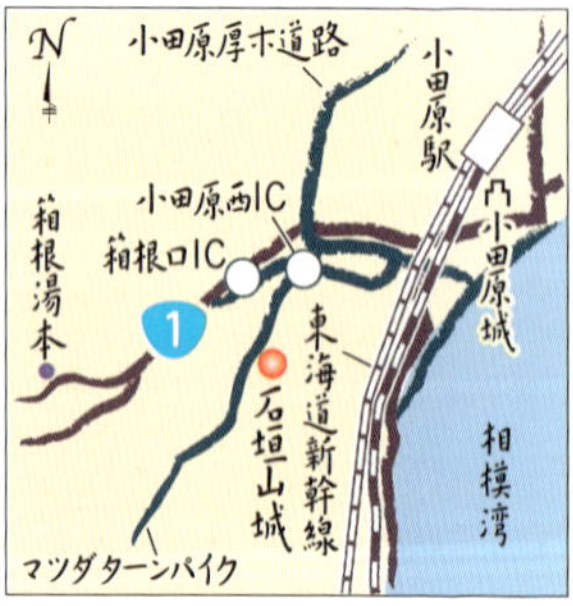

石垣山城周辺

秀吉が「関東入城」を指示したとされる石垣山城跡から見える小田原市街。中央左に小田原城が見える

実紀によると、まず秀吉が「小田原城が落ちれば、そのまま徳川殿に明け渡し差し上げるが、貴殿はここに住まわれるか」と問い掛け、家康は「先のことは分かりませんが、さしあたってはこの小田原に住む以外にありません」と答えた。

すると秀吉が「それはよくない。小田原は東国の喉元に当たる枢要の地なので、家臣の中から軍略に通じた者に守らせ、御身はここから東に江戸という所がある。そこを本城と定められるのがよろしかろう」と勧めた。時期は記されていないが、江戸入城が決まったのはこの時のようだ。

秀吉は織田信長の次男信雄《のぶかつ》にも家康の領国の三河などに移るよう求め、家康には北条旧領の伊豆、相模など関東の6カ国を与えた。

秀吉の胸のうちでは、家康の江戸入城は既に固まっていたようだ。

東京帝大名誉教授の中村孝也《なかむらこうや》さん（故人）は著書で「秀吉は家康を北条残党がはびこっている困難な地に追いやり、関東経営に失敗すればそれに乗ずる機会が得られ、成功しても豊臣政権の安定を保つことができるとみたのだろう」と記した。秀吉の陰謀説である。

しかし家康が関東を積極的に調べていた形跡もあるという。大島さんは「小田原に陣を張っている間に、命令に備えて、軍事だけでなく地域経営という視点でリサーチしていたのではないでしょうか。その辺は知恵比べだったと思います」と語る。

家康は腹が据わっていた。秀吉の移封の指示を黙って受け、すぐに江戸城入りした。これに対し家康の領地に移ることを辞退し、住み慣れた尾張・伊勢にこだわり続けた織田信雄は、秀吉の怒りを買って、下野《しもつけ》の烏山に配転されてしまう。

このときの決断が、後に家康の江戸開府、信雄の没落につながっていく。

江戸入り

港湾都市として既に機能

徳川家康が入った１５９０年当時の江戸はひなびた寒漁村だった、とされる。

徳川実紀は、その江戸城の様子を「残されていた本丸から二、三の丸までの古屋敷は、薄い板を使い、厨房《ちゅうぼう》もすすけ、玄関の階段板は幅が広い舟板を３枚並べ、そのほかはすべて土間だった」と記している。重臣の本多正信《まさのぶ》が「あまりにも見苦しい。玄関だけは造営なさるべきです。面目を失います」と指摘すると、家康は笑ってそのままにしていた、という。

しかしそこまで惨めな状態だったのかどうか。

江戸東京博物館長の竹内誠《たけうちまこと》さんは「（戦国初期の）太田道灌《おおたどうかん》が江戸城主だったころ、江戸湾にはすでに海運機能があり、道灌はやって来た人と船で遊んだという話がある。衰えていても、城下町的なものがなかったわけではない。家康の功績を高くするのに、以前の江戸をことさら荒れた状態に描いておいたのではないか」と推測する。

中世の品川には伊勢との定期航路があったようだ。竹内さんは「関東には伊勢神宮の領地があり、江戸は年貢米を持っていく中継地だったという説もある。浅草から先に江戸氏という『大福長者』がいて、水上交通を押さえていた。家康は江戸がそれほど捨てたものではないと歴史から学んでいたのでしょう」と語る。

これを裏付ける史跡が伊勢市北部の大湊《おおみなと》に残る。海岸沿いを歩くと「義良親王《のりよししんのう》御乗船地」という高さ1・8メートルの石碑が目に入る。

伊勢市大湊に残る「義良親王御乗船地」。家康の江戸入り前に大湊と品川に定期航路があったとされる

案内板には「南北朝時代に（南朝の）義良親王が北畠親房《きたばたけちかふさ》らとともに53艘《そう》の船を大湊で調え、東北に向け出帆した」とあり、伊勢市の郷土誌には「伝承」としながら大湊が「平安末期には源頼朝の命で軍船を造り、御朱印を受け、廻船の中心になった」と紹介され

ている。近くの日保見山八幡宮《ひほみやまはちまんぐう》にも釘《くぎ》問屋発起の灯籠があり、製塩と木造船で栄えてきた港の歴史が見えてくる。

皇學館《こうがくかん》大教授の岡野友彦《おかのともひこ》さんは「伊勢から何度も近くの港に寄って、品川に塩を運んだ。海運だけだと品川で済むが、江戸湾は海運と河川交通のキーステーションであり、下野からも米を運んだかもしれない。家康はおそらく駿府《すんぷ》時代から、目の前を行き来する船の存在は知っていたでしょう」と指摘する。

江戸時代は五街道をはじめとする街道と河川整備が急速に進み、江戸と北関東をつなぐ水運も盛んになった。下野からも高瀬船や小鵜飼船、いかだなどで米や商荷物、木材が江戸に運ばれたことは、栃木県立博物館で2014年に開催された秋季企画展「江戸とつながる川の道」で分かる。

家康には、こうした江戸の水運のよさ、発展性がすでに見えていたのだろう。

関東武士

新田源氏アピールし支配

「北関東」と「南関東」。

豊臣秀吉の関東移封を徳川家康がすんなり受け入れた背景には「中世からある北関東、南関東の対立が解消され、統治がし易くなっていたためだ」という見方がある。

横の連帯が強く、どちらかというと中央政府に従順な中小国人層の南関東武士に対し、伝統的豪族層の北関東武士は独立の気風が高い。皇學館大教授の岡野友彦さんは「家康以前の東国政権が江戸を政権所在地に選ばなかったのは、肌合いの違い、構造的対立が利根川を挟んで根強くあったからだ」と語る。

利根川北の下野や東上野《こうづけ》、常陸《ひたち》、さらに利根川東の下総《しもうさ》、上総《かずさ》、安房《あわ》を加えた「北関東」と、その南西に位置する武蔵《むさし》、上野《こうづけ》、相模《さがみ》、伊豆《いず》の「南関東」の武士が主人公を替えつつも緊張関係にあった。岡野さんは「鎌倉時代、源頼朝が安心できたのは南西の中小武士団だっ

岡野友彦著「家康はなぜ江戸を選んだか」から

ビルに囲まれた皇居内の旧江戸城富士見櫓《やぐら》。家康が入城当時、江戸はひなびた寒漁村だったとされる

た」とみる。

確かに鎌倉幕府を滅ぼしたのは、北関東の足利氏（下野出身）と新田氏（東上野出身）であり、頼朝が挙兵した際、一度は利根川の渡河を阻んだのが利根川沿いに拠点を持つ江戸氏だった。

この北関東のベースになっているのが古代の上毛野国、下毛野国の前身の「毛野国」なのだという。日本書紀には武蔵国造《くにのみやつこ》の内紛に大和朝廷と上毛野氏が別々に関与したとされる記述があり、岡野さんは「北関東に『大和朝廷何するものぞ』という勢力があったのは間違いない。その遺伝子が坂東《ばんどう》人に受け継がれている」と言っている。

南、北関東の対立の構造は室町時代も同様にあったが、戦国末期の上杉、後北条による「越相同盟」の成立で解消され、家康が江戸に入るころには政権の中核を置くことが可能になったという。

1590年、江戸入りを果たした家康は、土木技術に優れた武田の遺臣を使うなどして城づくりや河川の整備、埋め立てなどを進めた。そして、関東一円の名刹《めいさつ》、名社に「源朝《みなもとのあ》臣《そん》」と署名した文書を発した、とされる。

岡野さんは「源氏を自称したのが江戸入りの早い時期だとすると、東国武将に対して発せられた政策の一環と考えるのが順当です。鎌倉幕府を倒した清和源氏の系譜で、室町幕府をつくった足利氏に代わる新田源氏を名乗ってこそ次の将軍にふさわしい、ということだったのでしょう」と話す。

家康は関東武士の支配にふさわしい「氏」を手に入れ、坂東の奥にある日光に小堂を建てて祀るよう遺言したのだろうか。

小山評定

根回し周到 天下人へ

歴史を大きく動かした軍議「小山評定」にはいくつかの謎がある。

小山市役所駐車場の一角に「史跡　小山評定跡」の標柱が建つ。天下分け目の関ケ原《せきがはら》合戦での徳川家康勝利を決定付けた「会議」として、小山市は「開運のまち小山」を掲げ、ＰＲする。

評定があったことは定説となっているが、一部識者からは「フィクションだったのでは」と指摘する声もある。開催場所をめぐっては諸説あり、日時もはっきりしないからだ。

広く知られている「定説」は、こうだ。

１６００年７月25日、会津の上杉景勝《うえすぎかげかつ》を討伐するために進軍していた家康は、石田三成《いしだみつなり》が大坂で挙兵したと知り、小山に諸将を招集する。

この時点で家康は豊臣政権の「大老」という立場。諸将の多くは豊臣家に恩があり、妻子

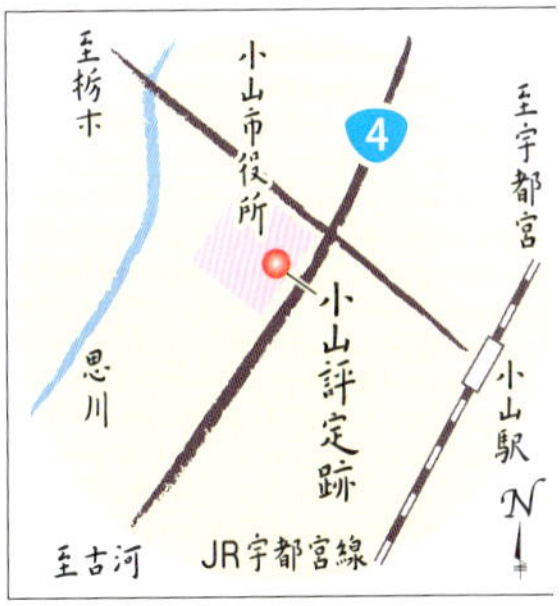

小山評定跡

小山市役所駐車場の一角に建つ「史跡　小山評定跡」の標柱。ただし、その舞台を巡っては諸説ある

を大坂に残してきた。三成に味方しても、おかしくない状況だった。

「徳川実紀」によると、家康は諸将に「恨むことはないので、大坂へ向かうがよい」と発言した。これに対し、豊臣家子飼いの筆頭格・福島正則《ふくしままさのり》が口火を切る。「(家康に)味方し、三成を誅殺《ちゅうさつ》する」。賢妻の「内助の功」で有名な山内《やまのうち》一豊《かずとよ》が居城提供を申し出るなどして流れが決まり、家康側の「東軍」が形成された。

名場面だが、同時代の史料に明確な記載はない。

だからといって、虚構とはいえない。評定の存在を証明する根拠として、小山市学芸員の尾上仁美《おがみひとみ》さんは、勇将浅野幸長《あさのよしなが》が下野国黒羽の大関資増《おおぜきすけます》に宛てた書状を挙げる。三成の動きを受けて諸将が相談し、上杉攻めの延期を決めたとの内容だ。幸長は25日ごろ小山におり、書状を書いた29日時点で、東海以西に居城のある諸将は、自国に向けて出発しているという。

確実な史料は未発見だが、「軍議の内容は極秘事項。証拠を残せば三成側に漏れる恐れもあった」と受け止める尾上さん。幕府が編さんした諸大名などの系譜集「寛永諸家系図伝」などでは各大名家が評定での功績を強調している。尾上さんはこうした「補強証拠」を挙げ、「小山で意思決定があったのは間違いない」と断言する。

約20年後、2代将軍秀忠が関ケ原合戦での勝利の起点となった小山評定の「吉例により」、将軍の休憩所「小山御殿」を造営したとされることからも、この地が重要な役割を果たしたと考えるのが自然だろう。

小山市によると、家康は小山滞在中に30通を超す書状を発給し、豊臣系諸将の切り崩しに励んだという。8月5日ごろ江戸に戻った後も、1カ月ほど動かず、態勢固めを行った。

開戦は小山評定の約50日後。用意周到な家康は、自信を持って戦場に駒を進めたに違いない。

二元政治

幕藩体制の基礎固める

「心配で、心配でたまらない」

１６００年の関ケ原の戦いを制しても徳川家康の心境は、江戸東京博物館長竹内誠《たけうちまこと》さんがこう想像した通りだったのだろう。

家康は１６０３年、征夷大将軍に就いて、江戸に幕府を開いた。しかし諸大名から見れば、家康はなお豊臣の重臣だった。大坂には豊臣宗家がおり、伊達《だて》、島津《しまづ》などの有力大名もいる。竹内さんは「『天下は（握る人が次々と変わる）回り持ち』という気風が消えておらず、家康は安穏としていられなかったのです」と語る。

こうした中で家康は１６０５年に突然、将軍職を３男の秀忠《ひでただ》に譲っている。就任してわずか２年。

これには大名たちが驚いたようだ。静岡大名誉教授の小和田哲男さんは「豊臣子飼いの福

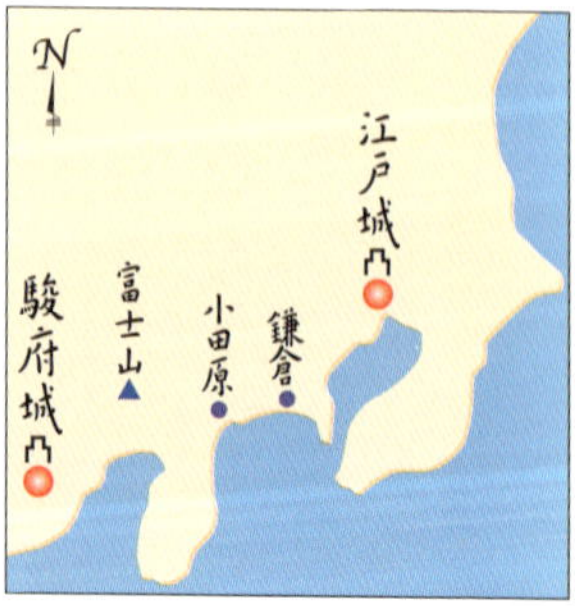

島正則、加藤清正《かとうきよまさ》らが家康の陣営に加わったのは『石田三成憎し』の思いからであり、家康が豊臣秀頼《とよとみひでより》を『一人前の武将に育ててくれるのではないか』という期待があったからです」と解説する。世襲は「天下の回り持ちはない」ことを意味し、その期待を打ち砕いた。

そして家康は1607年、江戸城を秀忠に任せ、自らは駿府城（静岡市）に移っている。駿府の家康と、江戸の秀忠で二元政治を始めたのである。

駿府城公園本丸跡に建つ大御所時代の家康像。駿府城には優れた人材を集めた

二元政治には、室町幕府の足利尊氏《あしかがたかうじ》―直義《ただよし》兄弟、豊臣政権の秀吉―秀次《ひでつぐ》という血族間の失敗例がある。

小和田さんによると、家康はそうした轍《てつ》を踏むことはないと、駿府に司令部、江戸に実行部隊を置いて、支配の強化を進めようとした。

秀忠を試すようなエピソードが徳川実紀にある。関ケ原の合戦後、家康が側近を通じて、秀忠にあらためて「江戸を居城にするのか」と尋ねている。

これに対して秀忠は「それがしは年若くして何のわきまえもありません。お考えにお任せします」などと答えている。決めていただければそれに従います、というような秀忠の実直さが家康を安心させたのだろう。

大御所家康は駿府に有能な人材を集め、頭脳集団をつくった。静岡市の資料には「諸法令を研究させ、前代未聞の強力な幕藩体制が構築されていった」とある。家康が亡くなるまでの10年間は、こうした体制の基礎固めの時期だった。

家康に城普請を命じられた福島正則と加藤清正との逸話が名古屋城に伝わる。正則が「息子の名古屋城にまで駆り出されてはたまらん」と愚痴をこぼすと、清正が「さっさと国に帰って、謀反の旗揚げでもしたらどうだ」と黙って命令に従うよう促した、とされる。

荒々しい戦国武将の血は、家康の真綿を締めるような戦略によって、徐々に鎮められていった。

将軍の霊廟

増上寺、寛永寺に分散

港区芝に徳川家の菩提寺、浄土宗増上寺《ぞうじょうじ》がある。JR浜松町駅から西へ歩いて10分、江戸初期の三解脱門《さんげだつもん》をくぐると大殿《だいでん》が見える。将軍家の廟所らしい、威風堂々とした空気が漂う。

豊臣秀吉の命を受けて1590年8月、江戸城に向かった徳川家康は、この増上寺の門前で住職の存応《ぞんのう》と出会い「師僧と檀家《だんか》」の契約を結んだとされる。

増上寺の資料には「馬上の家康が、増上寺の門前に差し掛かると馬がピタリと止まって動かなくなり、家康はその門前に立っていた僧存応の茶の接待を受けた。これが縁となって家康は翌朝、再び寺を訪れて食事をともにし『増上寺を菩提所にしたい』と頼み込み、徳川家の江戸での菩提寺が決まった」とある。寺総務部の三輪《みわ》隆就《りゅうしゅう》さんは「資料は言い伝えですが、家康公は先祖代々の三河の寺と同じ浄土宗の由緒ある寺だと下調べをし、来ていたのでしょう」と語る。

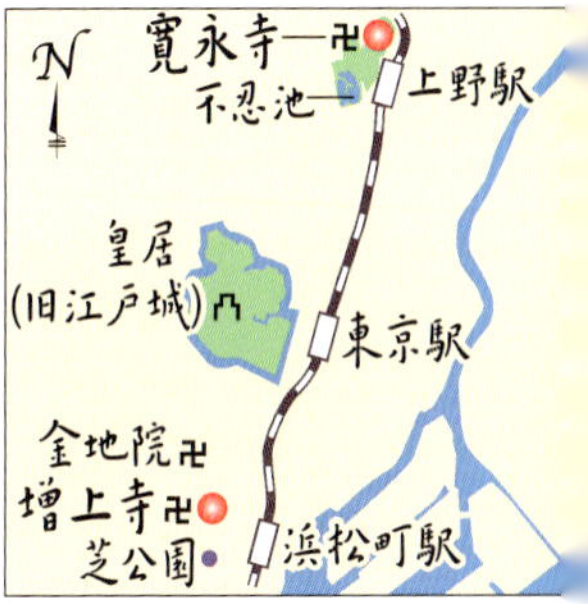

浄土宗の芝増上寺。家康が訪れて徳川家の菩提《ぼだい》寺になった

天台宗の上野寛永寺。創建当時は徳川家の祈祷《きとう》寺だった

2代将軍秀忠は、この「師檀の契約」に従って自らの葬儀を増上寺で行い、埋葬された。寛永寺の元執事長浦井正明さんによると、亡くなる直前に天海が神になる意思について尋ね、秀忠は「乱世を統一して天下泰平をもたらした家康公と自分とでは格が違う」とこれを否定した。

以降、将軍亡き後に山王一実神道は適用されず、増上寺に埋葬され続けると思われた。ところが3代家光《いえみつ》は先例とは別に「家康公のお側にいて朝夕にお仕えしたい。それにはまず遺骸を東叡山《とうえいざん》（寛永寺《かんえいじ》）に移し、ついで日光に移し替えてほしい」と遺言したという。

寛永寺は1622年、天海が秀忠から上野台地の寄進を受け、3年後の家光の時代に発足した。山号は「東の叡山」の意味であり、天海は常に比叡山《ひえいざん》を東に移すことを念頭にことを進めたとされる。そして家光は父母が眠る増上寺ではなく寛永寺で葬儀をし、日光に霊廟を営みたいと望んだ。波紋を広げたのは4代家綱《いえつな》、5代綱吉《つなよし》も寛永寺で葬儀をし、埋葬されたことだ。祈祷寺《きとうじ》の寛永寺が菩提寺化したのだ。これには増上寺が反発した。浦井さんは「住職が辞任するなど強訴し、幕府は『御遺命』で押し通したものの、6代家宣が調停に入り、家宣自身が『吾《われ》世をさらば増上寺に葬るべし』と遺書を残して両寺の面目が立つよう計らい、バランスを保ったのです」と語る。

以降、増上寺と寛永寺には、谷中にある一橋家墓所の一角に神葬された15代慶喜《よしのぶ》を除いて、それぞれ6人の徳川将軍の廟所ができた。均等になっているのは、決して偶然のことではないのである。

将軍と埋葬地

将軍	埋葬地	没年齢
初代家康	日光東照宮	75
2代秀忠	芝増上寺	54
3代家光	日光輪王寺	48
4代家綱	上野寛永寺	40
5代綱吉	寛永寺	64
6代家宣	増上寺	51
7代家継	増上寺	8
8代吉宗	寛永寺	68
9代家重	増上寺	51
10代家治	寛永寺	50
11代家斉	寛永寺	69
12代家慶	増上寺	61
13代家定	寛永寺	35
14代家茂	増上寺	21

婦女伝

廃寺に残る養源院の塔

日光東照宮社務所の脇道を北に抜けると、杉林の右にある石垣の奥に、2基の苔《こけ》むした供養塔が見える。

大きい石碑に「英勝院《えいしょういん》」、小さい碑に「養源院《ようげんいん》」と彫られ、寄り添うように並んでいる。ともに徳川家康の側室だった。

「江戸時代はここに日光山20院の一院で養源院という寺もあり、歴代の水戸家の宿坊になっていました。その関係で、あの芭蕉《ばしょう》が訪れたこともあるのです」。日光観音寺住職の千田孝明さんは、そう説明しながら、廃寺跡に立つ供養塔に向かってお経を上げ始めた。

千田さんの父で、岩手県平泉の中尊寺貫主を務めた観音寺前住職の孝信《こうしん》さん（故人）の遺稿集によると、おろくの方と呼ばれた養源院は実家が英勝院と同じ北条家に仕えていた縁で、英勝院の部屋子となり、後に家康の側室になった。器用で美しく、賢かったらしい。

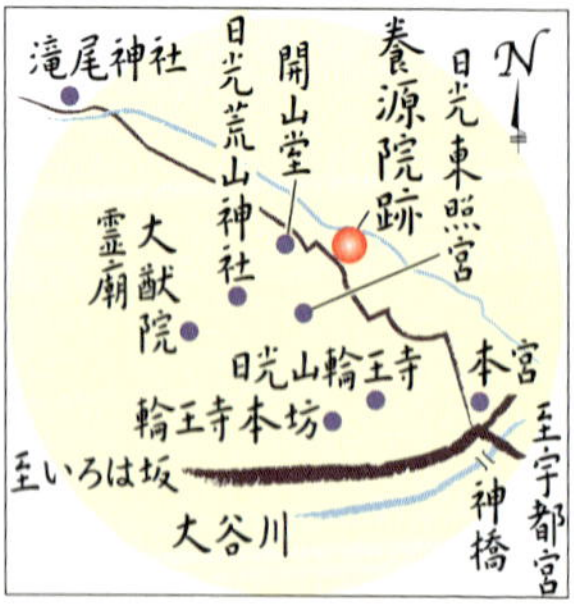

日光東照宮周辺

家康が亡くなると尼になるが、2代将軍秀忠の勧めで喜連川家に嫁いだ。

そんな彼女が数年後、家康の神前で急死してしまう。日光山を参詣し、焼香している時に突然、香炉が割れて額に当たり、その傷がもとで亡くなったとされる。29歳。将軍家の伝記には「神前で頓死す」とあり、どこか謎めいている。

家康はこのおろくの方を寵愛《ちょうあい》した。伝記には、大阪の陣にもお供した、とある。知恵者の本多正信、家康の好きな鷹狩と並べて「佐渡殿（正信）、雁《かり》殿、於六《おろく》殿」という言葉も残る。家康に「他家に嫁ぐな」と言われたのに再婚したので「家康が嫉妬した」ともいわれた。

ひっそりと立つ養源院（写真左）と英勝院の供養塔。日光観音寺住職の千田孝明さんが霊を弔う

　孝信さんは、英勝院が、そんなおろくの方を哀れんで、菩提を弔うため日光山

貫主になっていた天海に頼み込んで一院を建立した、とみている。

おかちの方と呼ばれた英勝院は水戸家の始祖頼房《よりふさ》の育ての親であり、家康が亡くなった後も実母並みの待遇を受けたようだ。聡明《そうめい》で政治力があったらしい。

このおかちの方とおろくの方の、組みの位牌が日光観音寺に残る。現住職の孝明さんは「明治維新に廃寺となった養源院の住職と観音寺の先代が師弟の関係にあり、そのご縁でここにあるのです」と話す。

静岡大名誉教授の小和田哲男さんによると、家康には、今川家重臣の出の正妻築山御前《つきやまごぜん》がいたが、家康は織田信長の命で、この正妻と嫡子信康《のぶやす》を死に追いやらねばならなかった。武田との内通を疑われたのである。その後、豊臣秀吉の妹朝日姫《あさひひめ》を迎えるが、政略といわれた。

家康の人生を、人質時代を含め「60年の忍耐」と表現する歴史学者もいる。

家康は生涯で15人を超える側室を持ったとされるが、姉妹のようなおろくの方、おかちの方と過ごした晩年が、至福の時だったのかもしれない。

朝鮮通信使

善隣外交のシンボルに

徳川宗家18代当主の徳川恒孝さんが、ほほ笑みながら来場者に語りかけた。「徳川家で良かったと、つくづく思いましたよ」

静岡市内で2014年夏、日韓両国の友好進展を目指すシンポジウムが開かれた。討論者の1人として招かれた恒孝さん。17代当主の祖父家正《いえまさ》さんの体験談を披露した。

昭和初期、「秀吉《ひでよし》」という名字の医師と一緒に、朝鮮半島を訪れた。豊臣秀吉とは無関係だが、この医師は名字が原因で、すべての宿泊施設から利用を断られた。一方、家正さんは「徳川さん、よく来てくれましたね」と歓待を受けたという。

秀吉への憎悪は、朝鮮半島で300年以上も〝世襲〟されてきた。恒孝さんは「一度壊れた関係の修復は難しい」と実感を込める。

豊臣政権は「文禄・慶長の役」で、計約29万人を朝鮮に派兵する。戦禍も甚大だった。国

日光東照宮所蔵の東照社縁起には、日光参詣を行う朝鮮通信使の様子が描かれている

土が焦土化したほか、各武将は非戦闘員を日本に強制連行した。

徳川家康は政権を獲得した後、朝鮮王朝との独自ルートを持つ対馬藩に対し、和平交渉を命じる。王朝の史料「攷事撮要《こうじ》」によると、家康は1605年に王朝の僧侶らと会見し、「朝鮮出兵時は関東におり、朝鮮との間に恨みはない。国交再開を請う」と発言した。

ただし、恨みがすぐに消えた訳ではない。続いて、「拉致」された人々の本国送還に取り組んだ。王朝の別の史料には「速やかに帰国できるよう、厳命を発する」と命じた家康側近・本多正信の書簡が記されている。この誠意ある対応が、唯一正式な国交の樹立につながった。

家康の意図はどこにあったのか。「平和を求めた」との見方は表面的だ。日朝関係史に詳しい京都造形芸術大客員教授の仲尾宏《なかおひろし》さんは「家康は東アジア全域へ通商を拡大する『大通商国家構想』を持っており、朝鮮問題は避けられない課題だった」とみている。

政治的打算もあっただろうが、二つの国は良好な関係を維持する。善隣外交の象徴である国使・朝鮮通信使は1607年以降、計12回も訪れた。1回で約500人の大使節団が、渡航ルート上の人々と交流を交わした。

「日光詣《もうで》」も3回行った。1643年には、日光東照宮の拝殿と唐門の間に仮拝殿を設け、儒教式の祭礼を行った。家康の墓所にある三具足や国宝・陽明門前の銅鐘などが、朝鮮からもたらされている。

江戸時代最初の通信使から400年余が経つが、日本と朝鮮半島の間には今なお、歴史認識問題、拉致問題など課題が山積する。関係改善のためどうあるべきか。

仲尾さんは「家康の思想と行動は、今を生きる私たちに大きな示唆を与えている」と説く。

◇　◇　◇

江戸時代は島原の乱の後、230年間も「泰平の世」だった。江戸東京博物館館長の竹内《たけうち》誠《まこと》さんは「1政権で2世紀以上も内乱のない国は、世界中を探してもない」と話す。

そして家康は「聖地日光」から、今も発展し続ける江戸・東京を見守り続けている。

第2部では、幕府草創期の徳川3代とその側近天海の足跡などをたどる。日光がどう再生され、江戸時代の「泰平」がどう維持されていったのかを伝えたい。

第2部 徳川3代と天海

素性語らぬ天海

謎めいた「中興の祖」

日光の大谷川沿いに、慈眼大師天海《じげんだいしてんかい》の銅像がある。口元をキッと結んだ天海の像がなぜ、ここに立っているのか。それは激流の北にある日光山内に向かう姿からも、うかがい知れる。

天海は、凋落《ちょうらく》の一途にあった日光を救った「中興の祖」なのである。

戦国末期の1590年、全国制覇を目指した豊臣秀吉が、小田原の北条氏を攻め落とした。この時、日光山は北条氏に加担したため戦後、手ひどい報復を受けている。66郷あったとされる日光山の所領は激減した。

秀吉の寄進状によると、寺屋敷と門前町、足尾村を残し、それ以外は没収された。室町後期に日光を訪れた連歌師の紀行文には「院々僧坊五百」とあるが、秀吉の戦後処理後には数カ寺しか残らず、離散してしまったという。

栃木県立博物館で人文課長を務めた日光観音寺住職の千田孝明さんは「日光山領は身ぐるみはぎ取られた状況になっていましたが、東照大権現の鎮座をきっかけに、天海宛てに神領が寄進され、復活の方向性が図られたのです。3代将軍家光の時代には今の東照宮に建て直され、日光は幕府にとってますます意義を増していったのです」と語る。

大御所徳川家康は「日光に小堂を建てて勧請せよ」と遺言したが、2代将軍秀忠はこれを超える東照社を建て、家光はさらに絢爛《けんらん》豪華な東照社に造り替えた。

徳川家康、秀忠、家光に仕えた慈眼大師天海。その銅像が神橋に近い大谷川沿いに立っている

上野寛永寺の浦井正明さんは「家康の神号を『大権現』と主張して日光に家康の遺骸を移し、東叡山寛永寺を造るなどして、関東に宗教の拠点を移しました。それができたのは、3代の将

軍の側近だった天海がいたからです」と解説する。

しかし、その生い立ちは謎に包まれている。亡くなったのは１６４３年と明らかだが、どこで生まれ育ったのかがはっきりしない。生年が15説、没年齢は90から１４０歳までと幅広い。

ただ研究者の間では１０８歳説が定説になっている。大正大名誉教授の宇高良哲《うだかよしあき》さんは「朝廷の記録係だった壬生孝亮《みぶたかすけ》日記の寛永９（１６３２）年、家康の17回忌法要の条に『導師南光坊大僧正《なんこうぼうだいそうじょう》今年97歳云々《うんぬん》』と記していたことが、既に指摘されている。これは元和元（１６１５）年に天海が80歳で賜ったとされる鳩杖《きゅうじょう》や関連資料で例証が取れるのです」とこの説を肯定する。寿命が短い時代に、超長寿だったことは間違いない。

素性を人に尋ねられたエピソードを、寄り添うように仕えていた弟子が記している。その胤海《いんかい》伝によると天海は「氏、素性や自分の年齢などは一切、忘れてしまって知らない。一度、出家したからにはそんなことを知っても何の意味もない」と答えなかった。「ミステリアス」というイメージがますます膨らんでいった。

◇　◇　◇

江戸幕府を開いた徳川家康は今から４００年前、静岡市の久能山で神格化され、１年後、日光に遷座した。2015年はその家康の400回忌に当たり、日光東照宮で50年に1度の「式年大祭」が催された。「東照大権現」という神になった家康は、聖地日光から真南に位置する江戸・東京を見守り続けている。日光東照宮に祀られた経緯は、天海という人物抜きには語れない。第2部では出身地や生年さえはっきりせず、ミステリアスな存在とされる天海の足跡をたどり、草創期の幕政と日光がどうつくられていったのかに迫りたい。

略歴年表

（天海伝記、会津美里町資料から作成）

1536 ●天海、誕生と伝わる
1546 ●このころ仏門に。随風と称したと伝わる
1549 ●宇都宮粉河寺に遊学か
1560 ●足利学校で学んだか
1572 ●甲府に滞在か
1573 ●会津黒川稲荷堂別当就任か
1590 ●川越無量寿寺（後の喜多院）に。このころ天海と改名か
1591 ●江戸崎不動院（茨城）に
1604 ●長沼宗光寺（真岡）を復興
1608 ●初めて家康と会見か
1609 ●比叡山南光坊に住す
1613 ●家康より日光山貫首拝命か
1616 ●家康、久能山で神格化
1617 ●家康の神霊を日光に遷座
1625 ●東叡山寛永寺が建立される
1632 ●秀忠死去
1643 ●天海死去。日光山に埋葬
1645 ●東照社に宮号
1648 ●天海、「慈眼大師」賜る
1651 ●家光死去。日光山に埋葬

遊学

会津に生まれ宇都宮へも

慈眼大師天海とはどのような素性の人物だったのか。足跡を追って、生まれ故郷とされる福島県の会津美里町に向かった。

磐越道を降りて、吹雪よけの柵がある道路を南西に走る。合併前は高田といった町並みの中心に「天海誕生の地」という碑が立ち、近くに天海が修行に入ったという龍興寺がある。町は「天海まつり」を開くなどして地域おこしを進め、町内では天海にあやかった縫いぐるみの「あいずじげん」が売られていた。

天海の出自については、ほかに足利将軍の子弟、宇都宮氏の関係者、極端なケースでは戦国武将の明智《あけち》光秀《みつひで》説がある。宇都宮氏説は、江戸後期執筆の下野国誌《しもつけこくし》に「宇都宮氏16代の正《まさ》綱《つな》の娘が大僧正天海の母」という趣旨の記述があるが、ほとんどの研究者は「信じるに足りない」と否定的だ。手掛かりは、天海の赦免活動で流罪を許されたという臨済僧の東源《とうげん》、天

天海が修行に入ったとされる福島県会津美里町の龍興寺。寺には平安後期の装飾経で国宝の「一字蓮台法華経」がある

海の弟子胤海《いんかい》、寛永寺僧の諶泰《じんたい》による伝記で、3書がともに「会津高田の芦《あし》名《な》氏の一族の出」と記している。

会津高田の龍興寺は、下野国出身の慈覚大師円仁《じかくだいしえんにん》の開山と伝わる。龍興寺住職の筧憲海《かけひけんかい》さんによると、天海は高田の舟木《ふなき》家に生まれ、幼名を兵太郎《ひょうたろう》と言った。11歳で仏門に入り、隋風《ずいふう》と名乗った。

父親は、芦名氏の高田城にいたと伝わる。100年ほど前に東京帝大名誉教授の辻善之助《つじぜんのすけ》さん（故人）らが龍興寺を調査し、塵塚《ちりづか》の中から両親の墓を発見したという。筧さんは「定説とまでは言えないが、通説になったといっ

天海の両親とされる墓

ていいのではないか」と語る。東北大助教の曽根原理《そねはらさとし》さんは「最も濃厚な（信じられる）話は舟木説だと思う」と話す。

伝記によると、天海はその後、14歳で遊学の旅に出る。宇都宮の粉河寺《こかわでら》、比叡山神蔵寺、三井寺、南都興福寺、下野の足利学校、上野国の新川善昌寺などで学んだ。天台だけでなく法相《ほっそう》や孔子、老子、易経など幅広く吸収したようだ。

粉河寺は明治時代に火災で焼失するまで現在の栃木県庁前にあった。地元の研究者徳田浩淳《とくたこうじゅん》さん（故人）の著書には「南北朝の合戦で紀州粉河寺入りし、そこで亡くなった宇都宮氏《うじ》綱《つな》の菩提を弔うため室町時代に宇都宮に建立した」とある。今の県総合文化センターや栃木会館などは粉河寺の敷地で、西に東照宮があったという。

その粉河寺のエピソードが東源伝に残る。「和尚が帰宅したところ、聞いたこともない論《ろん》義《ぎ》が聞こえてくる。やりとりが素晴らしい。それを天海が相方とやっていたという趣旨で、若輩者だが必ず天台を支えるだろうという内容です」と曽根原さんが解説する。

伝記にありがちな誇張を考慮しても、「若くして論義に通じていた」というのは事実だろう。

家康の指南役

信認深めた論義の力量

滋賀県側の比叡山麓からケーブルカーで険しい坂を上り、東塔まで雪道をいくと、駐車場の片隅に慈眼大師天海が住んだ南光坊趾を示す碑が目に入る。麓の大津市坂本には、慈眼堂と天海の供養塔があった。天海は日光の慈眼堂に埋葬されているが、3代将軍徳川家光が、比叡山と上野《うえの》寛永寺、川越《かわごえ》喜多院《きたいん》にも「慈眼堂」を造らせ、供養させたのだ。

天海は徳川3代の指南役であり、宗教の拠点を関東につくった人物だが、関西ではあまり知られていない。比叡山延暦寺の中島隆乗《なかじまりゅうじょう》さんは「家康公の頭脳であり、日光への遷座を主導したことで知られていますが、比叡山の中興の祖でもあるのです」と語る。

臨済僧の東源伝によると、天海は30代半ばで比叡山への入山を試みるが、織田信長の焼き打ちに遭って果たせなかった。大津市史には「（織田の）3万の軍勢による比叡山の焼き打ちで4千500の堂舎が灰燼《かいじん》に帰し、犠牲者は3千人にのぼったとされる」とある。

このため甲府の武田信玄の下へ身を寄せた。そして上野《こうずけ》の世良田長楽寺、さらに芦名盛氏《あしなもりうじ》の要請を受けて会津の黒川稲荷《いなり》堂別当《べっとう》に。しかし芦名氏が伊達政宗《だてまさむね》に追われたため、天海も常陸江戸崎に同行する。この後、現在の真岡市にある宗光寺、比叡山の南光坊、川越喜多院などと移る。

比叡山では総本堂である根本中堂を再建。比叡山の資料には「全山が一時壊滅し、僧風も教学も衰退したかにみえたが、近世の天台を輝く存在によみがえらせた」とある。

比叡山延暦寺の東塔に近い駐車場の片隅に残る南光坊址。天海がいたとされる

それにしても天海は、精力的に転進する経歴のどこで家康と知り合い、信認を得たのだろう。家康が江戸に入った1590年、さらに南光坊に住んだ1609年前後、などの説がある。

大正大名誉教授の宇高良哲《うだかよしあき》さんは「確実な根拠があるのは慶長14（1609）年」と指摘する。天海がこの年、家康の命を受け、上洛したことを示す真岡の宗光寺時代の書状が残されている。

東北大助教の曽根原理《そねはらさとし》さんも「そのころ比叡山でもめ事があり、天海を派遣している。慶長13、14年ごろに深く知り合う機会があり、その後の御前論義《ごぜんろんぎ》後に、家康が相談をするようになるのです」とみている。

東京帝大名誉教授辻善之助《つじぜんのすけ》さん（故人）著の「日本仏教史」によると、家康が駿府に各宗派の僧を集めて開いた「御前論義」などで力量を認められ、他宗の僧が「天海が御前論義を独り占めしている」とぼやいている。

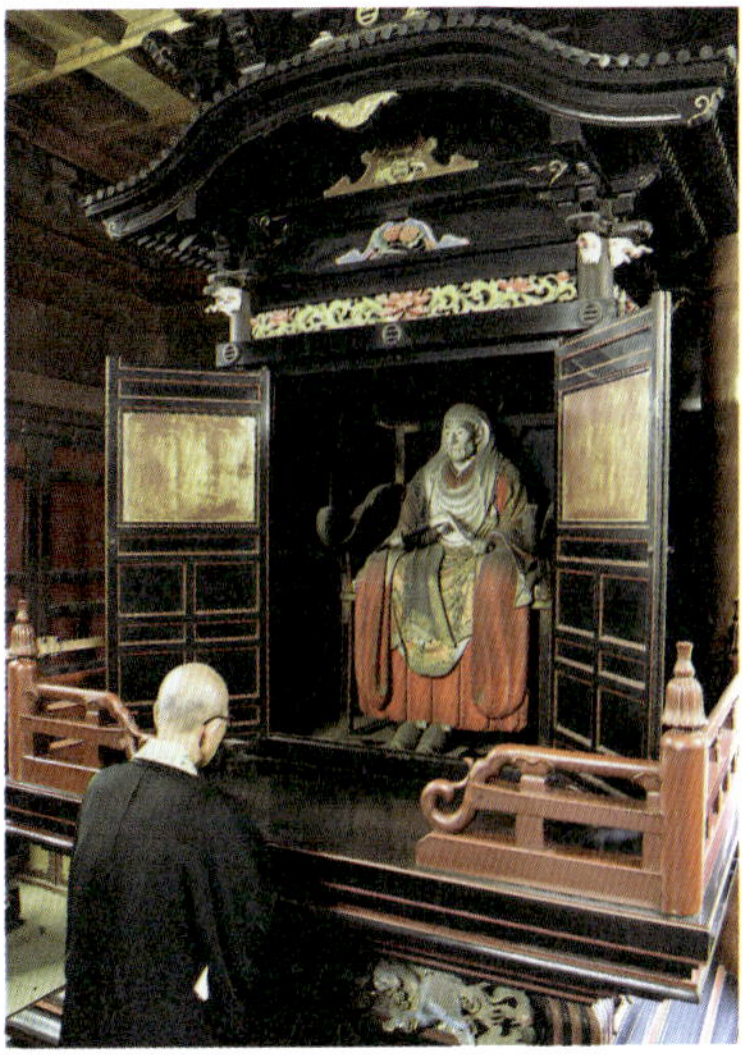

川越喜多院の慈眼堂に残る天海の木像に手を合わせる住職の塩入秀知さん

しかし1609年に知り合ったとすると、家康が亡くなるまで側近だった期間は、わずか7年間しかない。

確かに喜多院の案内には、家康が「相《あい》識《し》ることのおそかりつるを」と、出会いの遅さを嘆いたという趣旨の記述がある。それほど天海への信認が、一挙に深まったということだろうか。

寛永寺

江戸城を守る 東の叡山

ＪＲ上野駅を降りて、西口にある上野公園を歩く。中心地に集まった国立博物館、西洋美術館、都立美術館などが「芸術文化の一大発信地」という雰囲気を醸し出している。

この公園は、明治維新まで寛永寺の境内だった。元執事長の浦井正明さんは「境内は今の上野公園を含めて30万5千坪もあり、堂塔伽藍《がらん》は30余りで壮麗を極めました。しかし戊辰戦争で全山が焼失し、今の本堂は川越喜多院の本地堂を解体し、船で運んで子院の場所に建てられたのです」と話す。

江戸幕府は１６１３年に関東天台宗法度を定め、天海が住持だった川越北院を喜多院と改めて関東天台の本院とし、比叡山延暦寺の上位に置いて山号を「東叡山」とした。天海が日光山の貫首に任命されたのも、この年とみられる。

寛永寺の資料によると、この9年後に2代将軍秀忠から上野台地の一部が天海に与えら

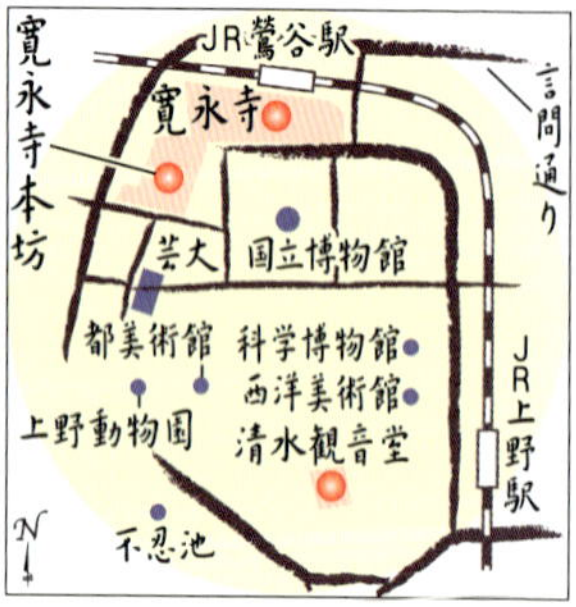

江戸後期の浮世絵師初代歌川豊国が描いた「新版浮絵上野東叡山之図」（寛永寺元執事長浦井正明さん提供）

れ、３代将軍家光の時代に寛永寺が発足した。本坊は、今の国立博物館の場所に建てられ、各大名が法華堂、常行堂、輪蔵、東照社、仁王門などを競うように寄進したという。江戸城の北に、天海が活動の拠点とする天台宗の一大拠点ができたのである。

ことに当たって天海は、京都御所とそれを守る比叡山延暦寺の形態を江戸に再現しようと意識した、とされる。

寛永寺のある上野の台地には、京都の清水寺を模した清水観音堂や琵琶湖の竹生島を見立てた弁天堂などが建った。喜多院の山号「東叡山」も江戸城に近い寛永寺に引き継がれた。

浦井さんは「寛永寺は延暦寺と同じよう

に寺名を時の年号から取っており、山号を『東の叡山』と名乗っているのも、こうした発想があるからなのです」と解説する。

東叡山寛永寺は、どんな役割を担った寺院だったのか。大正大名誉教授の宇高良哲さんは「天海以前の関東天台を考えると、天海がいかに幕府の信頼を得て天台宗の中心を占めるようになったといっても、有力寺院はまだ天海を認めていない。幕府側は有力寺院を超える、絶対的な力を持った寺を建立することで、関東の寺院を支配の中に組み込んでいこうとしたのです」とみている。

寛永寺は官寺として歩み始めるが、天海は奈良の吉野から桜を取り寄せて上野の山を桜の名所にし、不忍池に蓮《はす》を植えるなどして、庶民の憩いの場にしようとした、という。浦井さんは「公費を投じて造営した幕府にとって、容認し難いことだっただろう」とみる。

そこには宗教界をまとめることで一致しても、官寺の僧として縛りきれない天海の姿があった。

頼朝堂

山内に残る源氏の痕跡

日光山内の西参道を上っていくと、徳川家光の霊廟大猷院《たいゆういん》の手前に「常行堂《じょうぎょうどう》」という修行堂が見える。

唐から戻った下野出身の慈覚大師円仁により比叡山に建てられた天台宗の根本道場にならい、日光にも平安後期に造られた。輪王寺教化部長の鈴木常元《すずきじょうげん》さんは「開山の祖勝道上人《しょうどうしょうにん》が建てたとされる中禅寺や、空海《くうかい》創建と伝わる滝尾社とともに、日光山の中核機能になっていたのが常行堂だったのです」と語る。

しかし1616年春、家康が「1年後、日光に小堂を建てて勧請せよ」と遺言して神格化されたことで、山内の中心にあった伽藍《がらん》は移転を余儀なくされる。

日光市史によると、遺言から半年後の晩秋、日光山には家康側近の天海と本多正純、造営奉行藤堂高虎《とうどうたかとら》の姿があった。家康を祀る場をどこにするか、社殿造営にふさわしい場を探し

1617年に東照社が造営される以前の日光山内を描いた日光山之図（日光山輪王寺提供）

て回り、日光山貫主となっていた天海らは常行堂などがあった中央部が最もふさわしい浄地と判断したようだ。

そして常行堂などを移して東照社を造るための工事が始まった。当時の日光山の僧が残した記録によると、工事を担った那須衆が、現在の東照宮仁王門付近から銅の器を発見し、中に瑠璃《るり》色のつぼがあったので、これを天海に差し出した。

骨つぼだった。これを見た天海が、日光山の古記録に鎌倉幕府を開いた源頼朝の遺骨を常行堂付近に埋めたとある、として「確かに頼朝の遺骨である」と断定、弟子に保管させたという。

大正時代に輪王寺の付属図書館にいた研究

者の報告書によると、骨つぼのほかに頼朝と3代将軍実朝《さねとも》が寄進した水晶の念珠もあったとされる。しかしその念珠は室町時代に紛失し、関東公方が探索を命じたという。

大正大名誉教授の宇高良哲さんは「天海が皇族に宛てた書状に『頼朝堂』に関する記述があり、日光山に『頼朝堂』があったことは確認できる。しかし『頼朝の墓』につなげることはできない」と語る。

しかし天海はなぜ、源氏との関わりにこだわったのだろう。日光観音寺住職の千田孝明さんによると、源頼朝の父義朝《よしとも》が日光の寺社を整備した功で下野国司を再任されている。さらに、頼朝自身も奥州征伐の途中、配下の安達藤九郎盛長《あだちとうくろうもりなが》を日光に向かわせ、戦勝の願文を献じさせたと伝わる。そして戦いの前、下野の寒川郡15町を日光山に寄進している。

千田さんは「頼朝にとって日光は、関東の守りとなる聖地であり、だからこそ、その後、源氏の菩提寺である鎌倉の勝長寿院《しょうちょうじゅいん》と日光山の別当を兼務させた。天海はその関係を察して常行堂を『頼朝堂』と呼ばせ、頼朝を崇敬した家康の墓所を関東の守りの日光に置いたのではないでしょうか」と話す。

「天海＝光秀説」

いろは坂に息づく伝説

紅葉の名所いろは坂の急カーブを上り切ると、視界に霊峰・男体山が飛び込んでくる。ロープウエーでさらに上がれば、華厳の滝や中禅寺湖といった日光随一の眺望が広がる。この場所の名は「明智平《あけちだいら》」。なんとも意味深長な響きだ。

慈眼大師天海のミステリアス性を高める伝説に、戦国武将・明智光秀《あけちみつひで》との同一人物説がある。

光秀は主君の織田信長を本能寺の変で討ったものの、弔い合戦を掲げた豊臣秀吉に敗北。農民の襲撃に遭い、１５８２年に落命したというのが定説だ。だが、実は比叡山に落ち延びて仏門に入り、天海となって歴史の表舞台に舞い戻ったというのだ。「天下泰平」を目指した徳川家康に共鳴し、参謀役へ。「明智平」は、日光に自分の元の名を残そうとして、命名したという。

いろは坂

日光を代表する展望スポット「明智平」。慈眼大師天海となった明智光秀が命名したとの伝説が残る

真実なのだろうか。

「天海＝光秀説」の根拠は他にもある。

天海が建造に関わった日光東照宮の陽明門内にある随身《ずいじん》像のはかまには、光秀の家紋「桔梗《ききょう》紋」が描かれているとされる。

明智一族の墓がある比叡山・西教寺近くの松禅院には、光秀を名乗る人物が寄進した石灯籠がある。寄進日は1615年2月で、生き残った証拠だという。

さらに、3代将軍家光の乳母を務めた春日局《かすがのつぼね》は、光秀の重臣の娘だった。そういう出自の人物の登用は、確かに謎めいている。

「光秀の子孫」と伝えられている明智滝朗《あけちたきお》さん（故人）は著書「光秀行状記」で、この伝説に触れている。

天海の前半生が不明であることや石灯籠の存在、家康と初めて会った際に「旧知のごとく話が弾んだ」などとする史料「胤海伝」を挙げ、光秀と天海の筆跡が似ていると分析した。ただし、同一人物かどうかは「永遠の謎」と結んでいる。

多くの専門家は「あり得ない」と否定的だ。

東照宮元神職の高藤晴俊さんは「随身像のはかまに描かれているのは、桔梗紋ではなく、『秋元木瓜《あきもともっこう》』。造営総奉行を務めた秋元泰朝《あきもとやすとも》の紋だろう」と断言。さらに、「1933年にロープウエーが開業する以前の地図を調べたが、明智平の名は確認できなかった。明智は開けた土地といった意味なのではないか」と指摘する。

滝朗さんの孫で「本能寺の変　431年目の真実」の著者明智憲三郎《あけちけんざぶろう》さんも「世間で言われている根拠はいずれも信ぴょう性がない。心証を問われれば極めてゼロに近い」と明かす。

確かに、石灯籠や春日局の登用、筆跡なども決定的証拠とはなり得ない。それでもこの伝説が広まるのは、天海という謎に包まれた存在が人々の想像力をかき立てるからなのだろう。

消えゆく側近

哀れ誘う正純の配流死

天海、崇伝という徳川家康の側近のうち、本多正純は失意の晩年を送った。宇都宮城主から失脚し、奥州の横手（秋田県）に幽閉され、73歳で亡くなった。

横手城に近い丘に早世した長男正勝《まさかつ》と並んで墓がある。権力の非情、冷酷さが訪れる人の哀れを誘う。

近くに住む「正純公を学ぶ市民の会」副会長の佐川君子《さがわきみこ》さんが「横手城から監視できる高台に居宅がありました。2人のお墓は屋敷内にあったと伝わりますが、屋敷跡に明治になって地方裁判所ができ、職員有志の手で現在地に改葬されたのです」と話す。

正純と父親の正信は、文治派の代表的な人物で、幕政の中心にいた。正純の研究者で宇都宮東高教員の川田純之《かわだじゅんし》さんによると、正信は家康と「水魚の交わり」と表現される関係にあり、江戸城の将軍秀忠付の後見役だった。

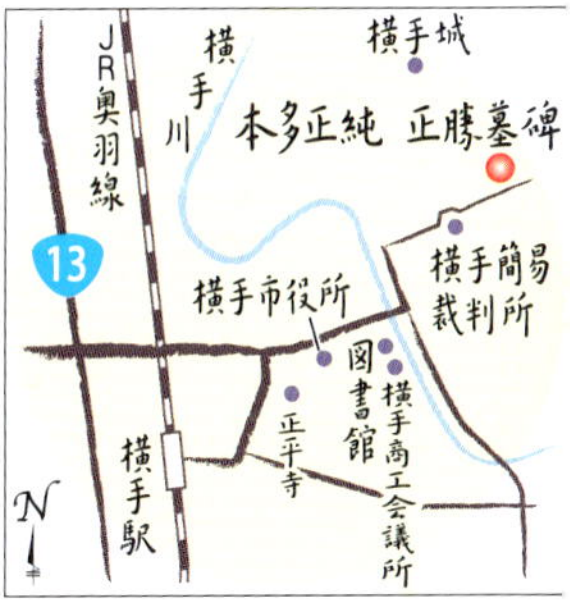

本多正純　正勝墓碑付近

秋田県横手市にある本多上野介正純（右）と長男正勝の墓石。佐川さん（左）は「子孫は復権を果たしているのです」と話す

一方、正純も駿府の大御所付の側近で、イスパニアの宣教師が「外交内政顧問会議議長」と伝えるほど家康の信頼が厚かった。大名や対抗勢力の改易、減封などで辣腕《らつわん》を振るった。

小山などに3万3千石を与えられ、病床にあった家康の枕元に呼ばれて天海らとともに遺言を聞いている。しかし家康の後を追うように父正信も亡くなると、雲行きが怪しくなる。

1619年、15万5千石という破格の待遇で宇都宮城に転封。正純は城を整備し、近世的な城下町に改造するなど今につながる画期的なまちづくりを進めている。ところが家康の七回忌の後に落とし穴があった。

改易された最上氏の居城受け取りに赴いた山形で、幕府の使者から尋問を受け、宇都宮城の没収と出羽国由利（秋田県）への転封を伝えられた。初めは5万5千石を与えられるが、これを固辞、このためわずか1千石で横手に移された。

正純は11カ条のうち、3カ条の返答に窮したとされる。改易の理由の一つとされる「宇都宮城の釣り天井事件」は事実ではない。ただ江戸中期の幕政を担った新井白石《あらいはくせき》は著書で「正純が幕府の許可を得ずに勝手に城を普請し、この作業に従わなかった根来衆《ねごろしゅう》という足軽の兵を殺害したことは事実」という趣旨の見方を示している。

川田さんは、ほかにも他藩主の書状などから安芸広島藩主の福島正則の改易に反対して秀忠を脅したと受け取られたことや、宇都宮城を一度は拝領したものの、後になって「自分には（多すぎて）不相応」と秀忠に直訴したことで不興を買ったことなども背景、という。

大正大名誉教授の宇高良哲さんは「前の時代によかった人は、次の時代に煙たがれる。時間とともに遠ざけて外していったということでしょう」と語る。正純は、幕閣にとって我慢ならない、煙たすぎる存在だったのだろうか。

長楽寺改宗

天台宗再興に熱い思い

群馬県太田市の新田荘遺跡周辺は徳川発祥の地とされ、世良田東照宮はその中に立っている。

家康の遺言を受けて2代将軍秀忠が日光に東照社を造営し、寛永の大造替《だいぞうたい》を行った3代将軍家光の時代に旧東照社奥社の拝殿などが世良田に移築されている。

宮司の菊池清《きくちきよし》さんが、その拝殿を「今の日光東照宮と比べれば質素ですが、名工中井正《なかいまさ》清《きよ》が手掛けた桃山様式の建物なのです」と案内してくれた。

なぜこの地に移されたのか。それをたどると、当時の天海の天台宗に対する熱い思いが見えてくる。

隣接する長楽寺は禅宗の開祖栄西《えいさい》の高弟栄朝《えいちょう》の開山で、東国における禅文化の拠点だった。地元の歴史研究者小此木実次《おこのぎじつじ》さんは「江戸時代は寺域で6万坪、末寺が770もありま

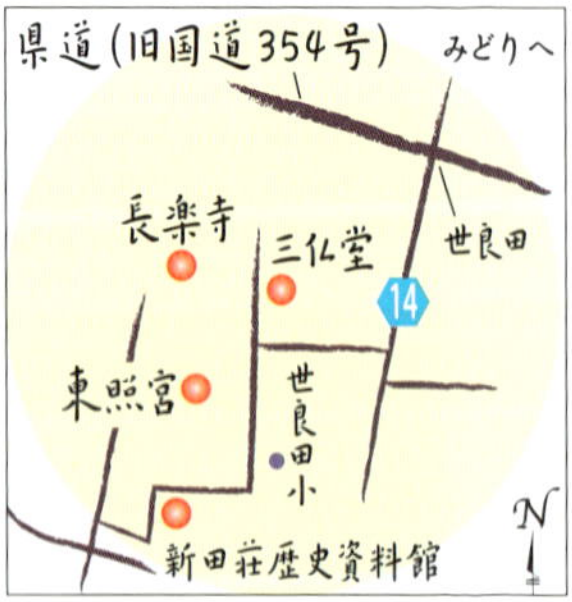

群馬県世良田長楽寺付近

改宗された上野国（群馬県）世良田の長楽寺の境内には、2代将軍秀忠が建てた旧東照社奥社の拝殿が移築された

した。禅だけでなく天台、密教も学べる徳川氏ゆかりの総合大学のような大寺だったのです」と解説する。

天海はこの寺院を、家康の信認から間もない時期に拝領したとされる。臨済僧の東源伝には「慶長17（1612）年に家康から、天海が住持として最適任」とお墨付きを得たという趣旨の記述がある。

都内に住む新田氏の研究者橋本《はしもと》幸《ゆき》雄《お》さんは「天海は天台宗で遠祖新田氏の菩提を弔わせてもらいたいと家康に会い、お墨付きを得たのではないか」と推測する。

寛永寺の資料によると、天海はそれ

まで日光や比叡山、宗光寺（真岡）など天台系寺院の再興のほか、他宗になっていた旧天台系寺院の帰宗活動を続けている。浄土宗に傾いていた信州の善光寺を現在のように天台、浄土の相持ちにしたのも天海とされる。

しかし長楽寺だけは、拝領から30年近くたっても現地に住職が不在で、復興が進まなかった。事態が動いたのは１６３３年に秀忠、１６３４年に寺社行政を担ったライバル崇伝が相次いで亡くなってからだ。

この数年後、天海は将軍家光の許可を得て長楽寺を改宗し、境内に日光の旧東照社奥社の拝殿を移築している。橋本さんは「これによって長楽寺に付加価値が付いたのです」と語る。

天海は天台宗の再興を進め、処罰された人の減刑や赦免のあっせん活動も根気よく続け、経典刊行など国内初の活字印刷にも取り組んだという。東京帝大名誉教授の辻《つじ》善《ぜん》之《の》助《すけ》さん（故人）は著書の中で「彼は純然たる宗教家の態度を失わず、よく本分を守り、任務を尽くした」などと評している。

天海は１００歳を超えてやっと長年の願いをかなえ、１６４３年に亡くなった。遺体は家康が遷座したルートを通って、途中、上野国の長楽寺に立ち寄り日光に向かったという。

寛永の大造替

家光が描いた国家戦略

「自分なんか死んだ方がいいんだ」

3代将軍の徳川家光は12歳の時、自ら命を絶とうと考えていた。将来に絶望したためだった。「春日局略譜」によれば、乳母の春日局《かすがのつぼね》がいさめて、思いとどまらせたという。

天海が貫首を務める日光山に奉じられた春日局筆の「東照大権現祝詞」（日光山輪王寺蔵）。その中に「二親ともに（家光を）憎ませられ……」との記載がある。2代将軍の父秀忠と母お江《ごう》は弟忠長《ただなが》を溺愛し、家光の廃嫡を画策していたとされる。

そんな家光の危機を救ったのが、初代将軍の祖父家康だった。秀忠夫婦に対し、「二親とも憎むなら、家光を家康の養子とし、3代将軍にする」と叱ったというのだ。この結果、跡継ぎ騒動は収まった。

1623年に将軍となった家光。幕府の権限は大御所となった父秀忠が掌握しており、実

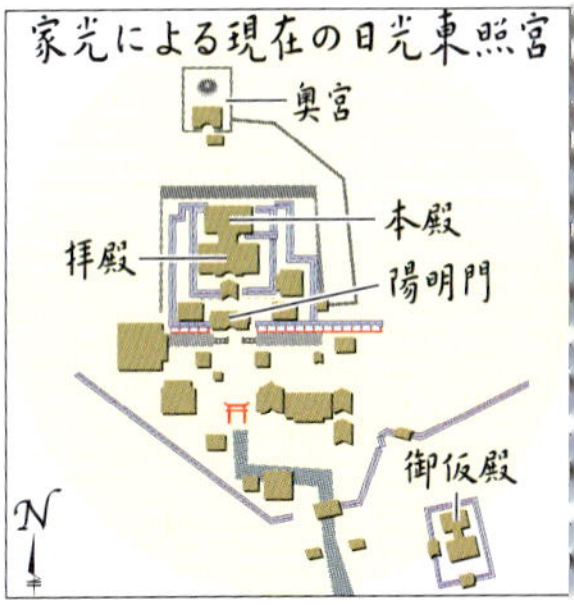

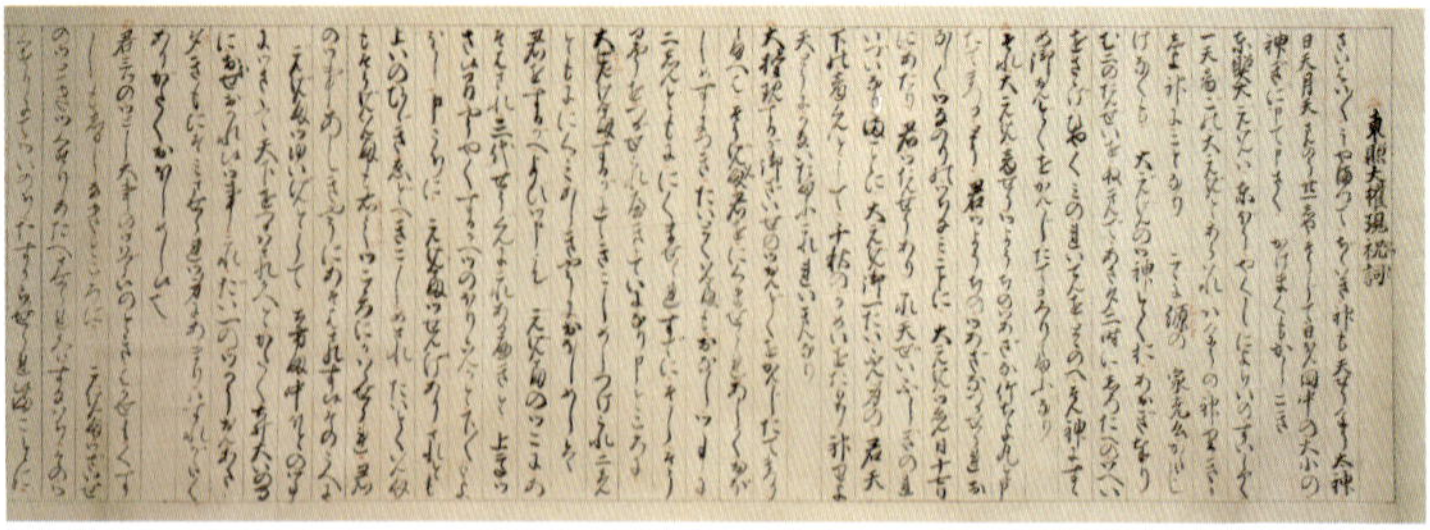

春日局の筆とされる重要文化財「東照大権現祝詞」。家光のエピソードや東照大権現への信仰が記載されている（日光山輪王寺蔵）

態は「お飾り」に近い状況だった。

自分のカラーを打ち出すのは、父が亡くなる１６３２年から。１６３４年11月には、父の造った日光東照社の全面建て替え工事、寛永の大造替に着手する。工期は約1年5カ月。現在の社殿の大部分は、この時造られた。

総工費は「現在の貨幣価値に換算すると、約４５６億円」というのが定説だ。ただし、大工の平均日当を約４７００円としており、当代一流の大工仕事にしては、心もとない。

さらに、動員人数の定説も怪しい。収支決算書にあたる「日光山東照大権現様造営御目録」に書かれた人数を足すと、延べ約４５３万人になる。だが、彩色や漆といった出来高払いの仕事は記載がない。

日光東照宮の元神職高藤晴俊さんは「延べ６５０万人が動員され、総工費は2千億円」と試算する。

家光はなぜ、それだけの大事業に取り組んだのか。

「日本一」にすることで、祖父の恩に報いる気持ちもあっただろう。家康の二十一回忌の直前に完成させたため、伊勢神宮の20年ごとの式年遷宮にならったともいわれる。それなら、〝突貫工事〟の説明もつく。ただし、それだけではない。

京都大名誉教授の藤井《ふじい》譲治《じょうじ》さんは「国家戦略を考えていたはずだ」と分析する。「戦経験のない家光は、軍事的カリスマにはなれない」とした上で、「だからこそ、絢爛豪華な建造物に建て替えることで家康の神威をより高め、家光自身の権力強化を図った」。

この工事は、江戸城のように全国の大名が動員されることはほぼなく、建築費も徳川の蓄財で賄った。当時の財政規模から考えると、過剰な大事業だ。家光は「費用お構いなし」と命じ、「概算で百万両ぐらい」との報告を聞くと「思ったより安い」との感想を漏らしたという。

大猷院霊廟

死後も家康に「お仕え」

日光山輪王寺の宝物殿に、３代将軍徳川家光が肌身離さず身に着けたという「守袋」が保管されている。

中に納められていたのは、よれて黄ばんだ小さな紙片。「二世こんけん（権現）」「二世将くん（将軍）」と書かれている。家光の筆で、自分を指す言葉とされる。権現とは「東照大権現」となった祖父家康。「二世」に当たる2代将軍なら、父秀忠のはずだ。弟を将軍にしようとした父への屈折した心の表れなのか。「家康の真の後継者」だと自任していたのか。真意は分からないが、家康に対する崇敬の念をうかがわせる遺品だ。

家光は幕府機構の整備や参勤交代の制度化を断行した「生まれながらの将軍」のイメージが強いが、実は病弱で情緒不安定だったという。国家を揺るがす重大な危機に直面するなど精神的負担も多かった。

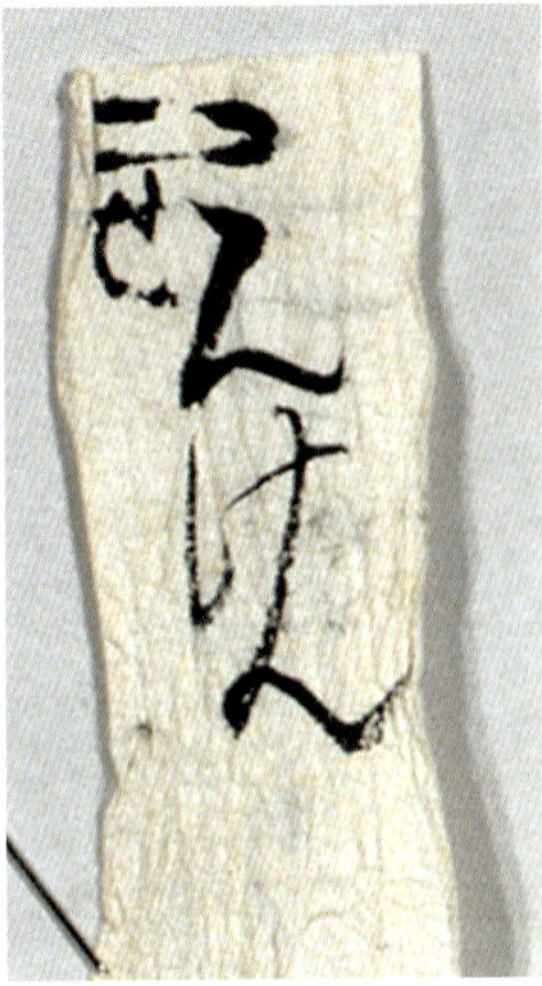

家光の「守袋」（重要文化財）に納められていた「二世こんけん」の紙片（日光山輪王寺蔵）

最大規模の一揆「島原の乱」が1637年に発生したほか、1642年ごろ「寛永の大飢饉《ききん》」が起こり、各地で餓死者が続出。対処を間違えば、国家経営が破綻しかねない状況だった。

　これに対し、鎖国の導入や農政改革を講じる一方、家康を祀る「日光東照社」を「宮」へ格上げすることを目指した。その結果、1645年に朝廷から宮号が宣下され、「東照宮」になった。

　その意義について、京都大名誉教授の藤井讓治《ふじいじょうじ》さんは「徳川家の守り神だった家康を（最高の存在である）伊勢神宮と同格の『日本の神』へと脱皮上昇させた」と解説する。防衛大学校准教授の野村玄《のむらげん》さんは「家康の神威を増強させ、国全体を守ってもらおうとした。すがる思いで頼った」とみている。

　精神的にも施策の面からも、家康に〝依存〟した家光。48歳の生涯を閉じる際、日光に葬られることを望んだ。

「江戸幕府日記」に書かれた遺言は「常々、権現様を特に信仰しているから、日光の天海

家光が葬られた「大猷院」の拝殿（国宝）

の墓所近くに廟を造営するように」というものだった。重臣が「権現様の眠る場所の近くにしては」と提案したが「権現様は徳を備えた神格だから恐れ多い、必ず天海の墓所の辺りに」ときつく命じたという。

１６５１年４月２０日に死去。遺体は東照宮から５００メートル離れた大黒山に埋められた。贈られた称号は「大猷院《たいゆういん》」。「大いなる道」、「最上の道」という意味らしい。

大猷院廟は、着工から１年２カ月後の１６５３年４月に完成した。国宝の拝殿や本殿は、東照宮の方を向く。家光は今でも、敬愛する家康に「お仕え」しているのかもしれない。

殉死の墓

側近5人 家光に「忠義」

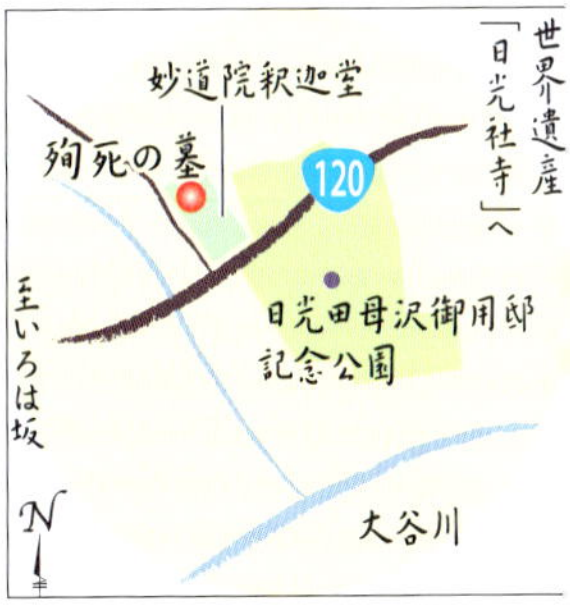

3代将軍徳川家光の霊廟「大猷院」の南西600メートルの国道沿いに、高さ3メートルほどの墓碑が並んでいる。訪れる観光客はまばらで、ほとんどは通り過ぎていく。

この24基のうち、19基は徳川家康や2代将軍秀忠に仕えた重臣の墓碑である。残りの5基に刻まれているのは、家光に殉じた側近ら5人の法名だ。「殉死の墓」と呼ばれ、1997年に行った日光山輪王寺の調査で、遺骨の一部が埋葬されていることが分かった。

家光は殉死を禁じる遺命を残したとされるが、側近はなぜ死を選んだのか。

幕府の正史「徳川実紀」には、その経緯が書かれている。

家光が死去した1651年4月20日、江戸城。長年側《そば》で仕えた元老中の佐倉藩主堀田《ほった》正盛《まさもり》は老臣らに向かって、「格別にかわいがられ、登用されたので、昇天のお供をしようと決めた」と語った。家光と正盛は「並々ならぬ関係」だったとされ、周りもすんなりと納得した

「殉死の墓」では毎夏、日光山輪王寺の僧による盆供養が行われている

という。

ただし、老中の岩槻藩主阿部《あべ》重次《しげつぐ》の場合は様相が違った。「私もお供しようと決意した」と告げると、老臣は「大恩を受けた人がみな死ねば、誰が4代将軍を補佐するのか」と制止する。そこで重次は、秘めてきた胸中を明かした。

さかのぼること18年前。家光は「後継者争い」をした弟忠長を高崎藩に幽閉していた。つじ斬りなど常軌を逸した行動をしたことが理由だ。さらに忠長を自害させることとし、重次を「自殺勧告」の使者に選んだ。

重次は「私が一命を捨て、事を計らいます」と家光に約束して高崎へ。その後、忠長は自ら命を絶った。

重次は訴える。「この時、私の命は主君に奉りました。一度主君に奉りし命を、主君亡き後、誰のために永らえるべきなのか」

これを聞いた老臣は「げにもっともなり」と感涙を流したという。

岩槻の郷土史に詳しい大村進《おおむらすすむ》さんは「家臣の身で将軍の弟を死に追いやったため、殉死しか選択肢がなかったのではないか」と推し量る。

さらに、側近集団の頭だった鹿沼藩主内田正信《うちだまさのぶ》、病床にあった親衛隊の頭三枝守恵《さえぐさもりしげ》、刃傷事件に連座して罰せられた奥山安重《おくのやまやすしげ》の計5人が家光に殉じた。

それぞれ「忠誠心」の表れだったが、一度に有能な家臣を失うことは、政権にとって大きな痛手だ。後を継いだ4代家綱は63年、殉死禁止令を出して厳しく取り締まった。

これらを契機に殉死という戦国末期からの遺風はほぼ絶え、幕政は武力中心の「武断」から学問を中心とした「文治」政治へ加速していく。

八王子千人同心

火の番一日も欠かさず

日光東照宮が炎上してしまう——。江戸後期、そんな危機に直面したことがあった。日光の下級役人が記した「玄布秘鑑」を読むと、緊迫した状況が伝わってくる。

1812年大みそかの夜、東照宮で仏事を執り行う社僧が住む長屋から出火した。現在の社務所周辺にあった別当寺・大楽院に燃え広がる。折しも東風が吹き、火は陽明門や本殿に通じる白木廊下に燃え移った。

社殿は大修理の真っただ中。廊下脇の銅庫（収蔵庫）には数々の宝物が納められていた。神職2人が宝刀などを急いで搬出したが、ほとんどは焼失してしまう。名工・左甚《ひだりじん》五郎《ごろう》の作とされる眠り猫まで、あとわずかに迫った。

「廊下を打ち破れ！」

日光奉行の大号令を背に、「火の番」を担う八王子千人同心らが、延焼を防ぐための破壊消防に着手した。一刻を争う命がけの任務だ。出火から約4時間、火はやっと収まった。東照宮神職の山作良之《やまさくよしゆき》さんは「この働きがなかったら、多くの文化財が失われていた」と振り返る。

千人同心の起源は、戦国時代にまでさかのぼる。元は戦国最強とうたわれた武田家の家臣で、居城の番役などを受け持った。武田滅亡後は徳川家康の配下に。江戸入りに伴って八王子に移され、国境警備を任された。千人で構成されたことが、名前の由来になった。

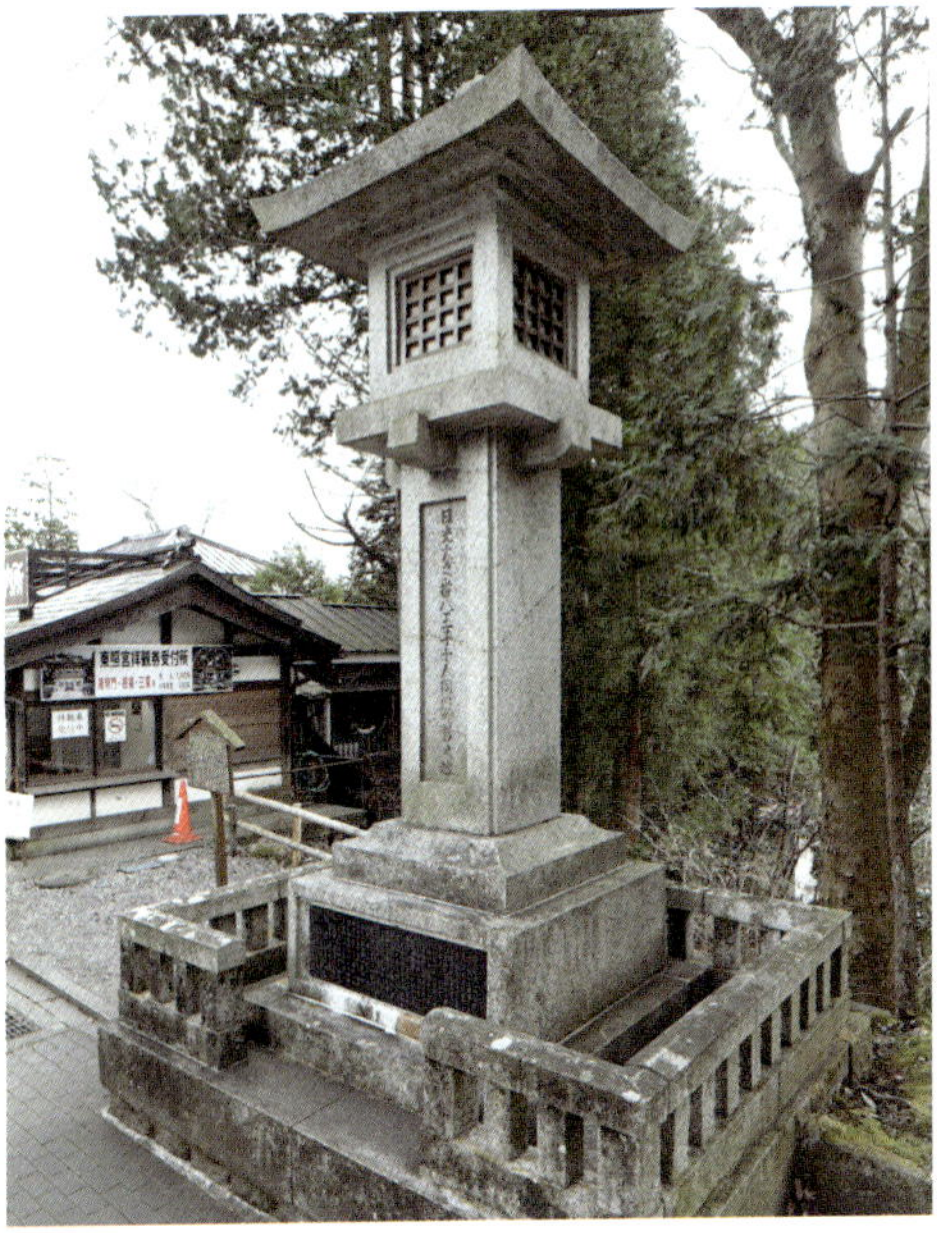

功績をたたえて建立された「八王子千人同心顕彰之燈《とう》」。日光東照宮前の表参道を下った突き当たりにある

泰平の世が到来すると、軍務の必要がなくなり、役割が変化する。東照宮を火災から守るよう幕府から命じられたのは、三代将軍家光の霊廟「大猷院」の造営が始まった1652年。当初は千人頭（旗本格）2人と配下

の同心の１００人が50日交代で担当した。同心の多くは八王子周辺で農耕を行い、公務の順番が回ってくると日光に向かった。

江戸幕府が崩壊するまで、２１０年以上も防火見回りや火災時の消火活動に従事した。その中から、多彩な人材が生まれる。組頭の植田孟縉《うえだもうしん》は仕事の合間を使って日光を調べ上げ、「日光山志」を著述した。日光初の観光ガイドとされ、日光研究の重要な史料となった。子孫でつくる「八王子千人同心旧交会」会長の新藤恵久《しんどうよしひさ》さんは「『わが家が今あるのは、徳川様のおかげなんだよ』と聞いて育った。千人同心にとって、東照宮のために働くのは誇りだったはず」と胸を張る。

往時の姿を今も留める東照宮。社務所から社殿へと向かう白木廊下は、大みそかの大火後に再建された。華美な装飾が施されている訳ではない。だが、名もなき千人同心たちの活躍の証しでもあるのだ。こうした縁から、日光市と八王子市は１９７４年、姉妹都市の盟約を結んでいる。

日光杉並木

主要道に植え「参道」に

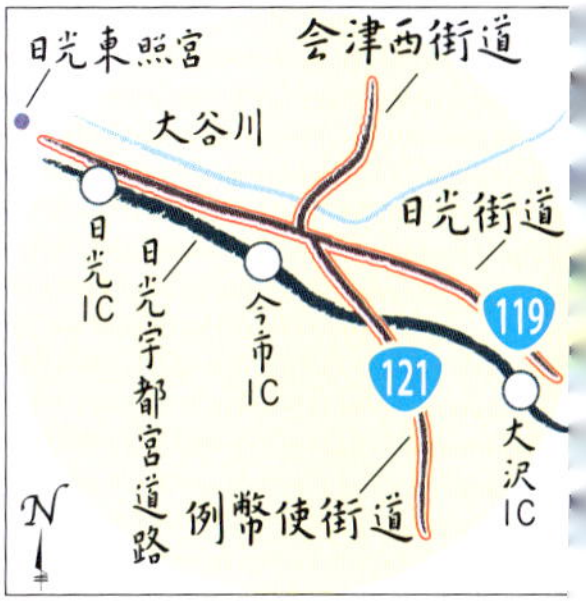

青葉をうっそうと茂らせた日光杉並木に足を踏み入れると、江戸時代にタイムトラベルをしたかのような錯覚に陥る。いにしえの旅人たちの息遣いが聞こえてきそうだ。

日光杉並木は日光街道、日光例幣使街道、会津西街道の３街道にまたがる総延長37キロで、終着点は日光東照宮。世界最長の並木道とされ、国特別史跡と特別天然記念物の指定を受ける。二重指定は全国で唯一だ。

徳川家康、秀忠、家光の三代に仕えた松平正綱《まつだいらまさつな》が１６４８年、東照宮に奉納した。だが、その経緯は謎に満ちている。どうして独力で挑んだのか、なぜ杉なのか、目的は何か。史料はほぼ残っていない。

正綱は１５７６年、遠江国（静岡県）で生まれた。代官の家柄だった。17歳から家康に側近として登用される。当時の知行はおよそ３８０石。家康が逝去すると葬列に加わり、その神霊が久能山から日光山に移された際も供として従った。50歳で相模国玉縄《たまなわ》（鎌倉市）を居所とする2万2千石の大名に昇進する。将軍の日光参拝や東照宮の修営などに携わり、足しげく日光を訪れた。

日光市街地の上空からヘリで、南方に広がる日光街道（左）と日光例幣使街道を望む

並木を植え始めたのは大名になった1625年ごろからで、東照宮で家康の三十三回忌が行われた1648年に奉納した。植栽自体は何回かに分けて行った可能性がある。

従来は「貧乏大

名で財力がなく、金品を献上できなかった代わり」との俗説が広まっていた。今では多くの研究者が否定的だ。

「杉並木研究の第一人者」の鈴木丙馬《すずきへいま》宇都宮大教授（故人）は、「約5万本の苗木を植栽した」と推定している。当時の記録には「大苗100本1両」とあるので、単純計算で500両。東照宮に奉納された石灯籠の約10基分に相当するという。途方もない費用ではないが、労力も含めると家運をかけた一大事業だっただろう。

正綱から数えて14代目に当たる会社員の大河内正樹《おおこうちまさき》さんは「家康公への恩義に報いるために奉納したのだろう。気高くそびえる杉に思いを託したのではないか」と推測する。

「杉並木は東照宮を形成する重要な参道」と力説するのは、東照宮の宮司稲葉久雄さん。確かに、3カ所ある並木の入り口はそれぞれ、日光神領の境と一致する。「正綱公は何度も日光を訪れ、周囲に広がる杉木立の荘厳さを知っていた。杉で日本一の参道を造り、神威を高めようと考えた」とみる。

明治、大正期に活躍した国際的詩人の野口米次郎《のぐちよねじろう》は著作「日光論」の中で、こんな言葉を残している。「日光御廟《びょう》という大音楽は天を払う高い杉並木の前奏で始まる。日光巡礼は杉並木の最初の1本から始めねばならぬ」

参の可能性

社参

徳川の権威、日光で発信

江戸初期の宇都宮城には、徳川将軍が泊まる御成御殿《おなりごてん》が本丸内にあった。秋の城址《じょうし》祭りでは、侍などにふんした市民がこの宇都宮城から「下にー、下にー」と日光に向かう社参の列を再現している。

将軍などが日光に詣でる将軍社参は、江戸時代に17回、あるいは19回あったとされる。

徳川記念財団の図録によると、将軍などが日光に詣でる社参は全部で17回あり、このうち14回が4代将軍家綱の治世までに行われていた。

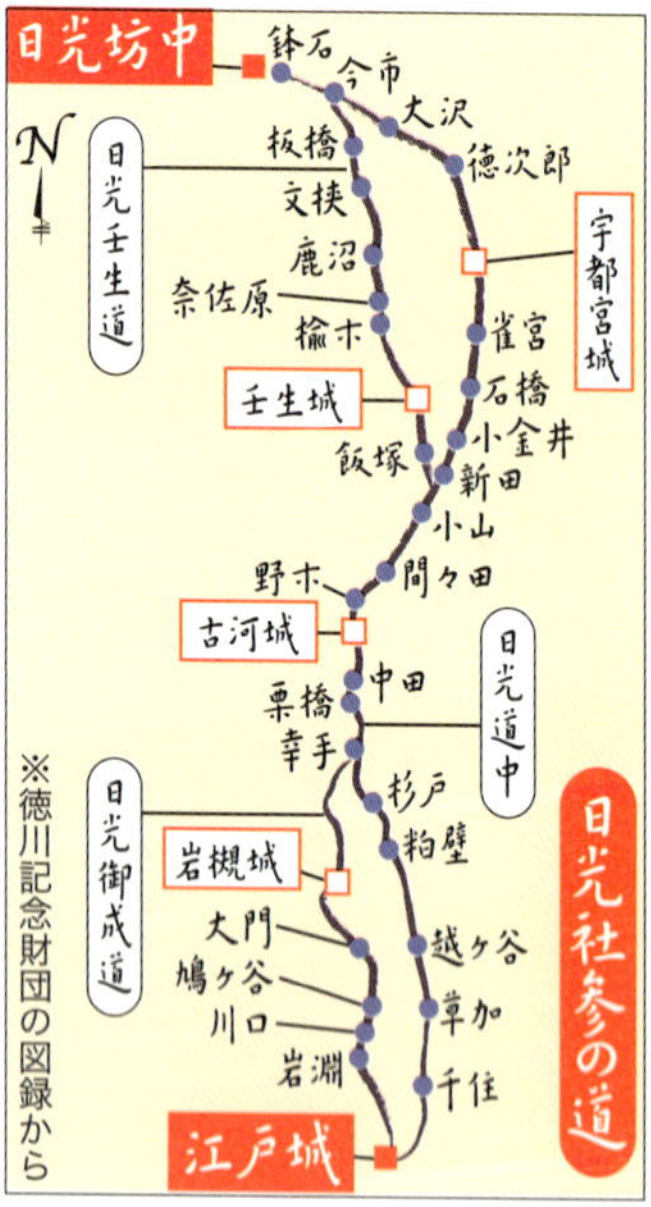

※徳川記念財団の図録から

日光山内図屏風。尾張徳川家のご用絵師が社寺への参詣の場面を描いた。4代将軍家綱時代の
が高いとされる（栃木県立博物館提供）

3代家光は、神忌に加えて疱瘡《ほうそう》平癒のお礼参りという私的理由でも日光に来ており、全体の半数以上の9回に及んでいる。

日光出身の筑波大准教授山澤学《やまさわまなぶ》さんは、社参について「徳川将軍の『家』の継承者としての立場を明らかにし、神祖家康に報告し、まつりを通じて公にしていくという純粋な理由があり、社会情勢を考慮し、政治的要請と合致した時にのみ実現された」と図録で記している。

家光による寛永の東照社大造替などで家康の神威はどんどん増し、社参の列も長くなって、物々しい雰囲気の中で行われるようになっていったという。

その結果、家綱の後は計画しても中止になるなど、あまり行けなくなった。社参を実現できたのは8代吉宗《よしむね》、10代家治《いえはる》、12代家慶《いえよし》がそれぞれ1度ずつ。

京都大名誉教授の藤井《ふじい》譲治《じょうじ》さんは「社参は祭りのように見えますが、見せる軍事行動でした。例えば吉宗は享保の改革を行った将軍ですが、紀州から入ったこともあり、徳川の相続が分かるよう社参をするしかなかった。その時々の政治状況で理由が変わってくる。後になるほど大掛かりになり、金もかかったのです」と解説する。徳川記念財団の図録によると、家治時代の社参では、支出が当時の幕府領の年貢収入の7分の1に達したとある。

徳川将軍がここまでして向かった日光は、どういう役割を担ったのだろう。

防衛大学校准教授の野村玄《のむらげん》さんは「日光は東北の抑えの位置にあり、家康は『江戸の北の鎮守』を意識していたと思う。確実に（京都などに対する）『東』ということも意識しており、天海はその『東』の守護神となった東照大権現の価値を高めました。秀忠や家光とも自然に話せる人だったからできたのでしょう」とみる。

東京学芸大教授の大石学《おおいしまなぶ》さんは「日光は時代とともに徳川家、幕府の権威をステップアップする発信装置でした。天海は朝廷から輪王寺宮を連れてきて、東照大権現を関八州（関東8カ国）から日本の神にしようとし、威光を（朝鮮通信使の参拝などによって）海外にも及ぼそうとした。社参は国民統合のイベントになり、平和になると回数が減っていくのです」と語る。

全国の東照宮

御利益の神　庶民にも浸透

佐野厄よけ大師で有名な佐野市の惣宗寺に「佐野東照宮」がある。

起源は、徳川家康の神霊が日光に移された「日光遷座」にまでさかのぼる。久能山を出発した家康の神柩《しんきゅう》は1617年3月28日、佐野で1泊する。安置された場所こそ、惣宗寺内の御殿だった。江戸後期に現在の社殿が造営され、家康の神霊・東照大権現が祀られた。

東照宮元神職の高藤晴俊さんの調査によると、東照宮はかつて、全国に大小合わせて約700社もあった。将軍家や大名だけではなく、社寺や庶民が造営することも多かった。家康が軍事行動やタカ狩りで立ち寄った土地、佐野のように家康の神柩がとどまった所にも勧請された。大半は関東・東海地方で、栃木県内には30社程度あったという。

東照宮は、〝反徳川の地〟の長州藩（毛利家）にさえ広まった。

山口市の山口県庁から歩いて10分ほどの距離に、その社殿は建つ。築山神社に改称された

山口市にある築山神社。もとは周防東照宮の社殿だった

が、毛利家の造営した周防東照宮の本殿と拝殿を移築したものだ。

管轄する今八幡宮《いまはちまんぐう》の禰宜小方礼次《おがたのりつぐ》さんは「最高級のヒノキを使った非常に豪華な造り。威信をかけた建造だった」と説明する。現在は別の神と合祀《ごうし》されているものの、参道には葵《あおい》紋の付いた石灯籠と鳥居が残る。

関ケ原の戦いで敗軍の総大将だった毛利家。家康によって領地を大幅に減らされ、遺恨が生まれた。

作家の司馬遼太郎さんは伝説と断りながら、随筆集の中で「毛利の秘密儀式」を紹介する。毎年正月、家老が「徳川討伐の準備ができました。いかがしましょう」

と問うと、毛利藩主は「まだ機が熟せぬ」と答える習わしだった。恨みは世襲され、明治維新につながったのだという。

そんな長州藩の東照宮はもともと、天台宗の寺院内にあった。日光東照社（宮）の造営を主導した慈眼大師天海と同じ宗派だ。高藤さんは「東照宮の勧請は宗派の勢力拡大にも有効な手段。寺側の働きかけに長州藩は反対できなかったはず」とみる。

しかし、そういった思惑だけで国中に東照宮が造営された訳ではない。

高藤さんは「江戸時代、東照大権現は御利益を与えてくれる神として定着していた。200年以上にわたり、庶民レベルにまで浸透した」と強調する。

天海は家康の神威を高めることが、国家の安泰につながると考え、江戸城内や御三家に東照宮を勧請した。東照宮が全国に広まったのは、寛永の大造替や日光への将軍社参などと並んで、天海の構想が実ったということなのだろう。

明治維新や第2次世界大戦の影響で廃絶したケースもあるが、現在も8割程度は形を変えるなどして存続しているという。

長寿の秘訣

「食細うして心広かれ」

平均寿命が40歳代とされる江戸時代、慈眼大師天海は108歳という驚くべき天寿を全うした。その秘訣《ひけつ》はなんだったのだろう。

徳川家康の日光遷座を主導し、日光に埋葬された天海。日光山輪王寺は命日の10月2日、墓所「慈眼堂」で盛大な法要を執り行う。

その日の朝、寺の台所ではトントントンと包丁の軽快な音が響く。女性職員らが大忙しで、天海の好んだ「納豆汁」を調理する。レシピは存在せず、口頭で伝授されてきた。

調理法は非常にシンプル。納豆を包丁でたたいてひき割り状にし、みそ汁の中に入れる。5～10分程度たたくことで、より粘り気を出すのだという。味見をしてみると、独特の香りが口いっぱいに広がった。

教化部長の鈴木常元さんは「天海さんの遺徳をしのび、長寿にあやかろうと、古くから続

天海が埋葬されている日光・大黒山の慈眼堂。命日には輪王寺の僧侶が法要を行い、天海の好物だった納豆汁を食べる

けています」と説明する。

天海の食を研究した関西福祉科学大教授の相良多喜子《さがらたきこ》さんは「納豆汁は理想的な長寿食」と評価する。

大豆のレシチンは脳の老化を防ぐほか、納豆に含まれるナットウキナーゼという酵素はガン抑制の効果があるのだという。

天海が納豆汁とともに食べたのが、クコの実を米と一緒に炊く「クコ飯」だった。

クコは老化予防や疲労回復などに役立つ。相良さんは「このような食生活だったので、最晩年まで明晰《めいせき》な頭脳を保てたのではないか」とみている。

輪王寺には、天海の訓言が伝わっている。

長寿の秘訣を問われ、「気は長く　勤めはかたく　色薄く　食細うして　心広かれ」と答えたという。「短気にならないで、真面目に仕事こなし、色欲はほどほどに、食事は腹八分目にして、心を広く持ちなさい」という養生訓であった。

もう一首ある。「心正直　日湯　陀羅尼《だらに》　時々御下風《ごかふう》遊ばさるべし」。日湯は毎日の入浴のことで、陀羅尼はお経を読むことだろう。下風は「おなら」。なんとも滑稽で、天海の人となりが伝わってくる。

75歳まで生きた家康も、当時としてはかなりの長寿だ。豊臣秀吉らライバルとの「長生き勝負」に勝ち残ったことが、成功につながったともいえる。

健康マニアで「命は食にあり」を座右の銘にしていたという。普段から麦飯を食べていたことは有名だ。豆みそや納豆、クコなどの食材も好んだとされ、天海の嗜好《しこう》とも合致する。

健康長寿をいかに維持できるか。天海と家康は、高齢化社会を生きる私たちに、重要な手掛かりを与えてくれている。

天海はこんな言葉も残した。「こと足《た》れば　足《た》るにまかせて　事足《た》らず　足《た》らで事足《た》る身こそ安けれ」。欲望を抑えてこそ、天海のように長生きができるのだろう。

◇　◇　◇

２０１５年は徳川家康の四百回忌。家康は東照大権現という神となって日光に鎮座し、その神威は寛永の大造替《だいぞうたい》、将軍社参の実現、杉並木の整備などで増していった。

そして関八州の守護神になった。「天海は東照大権現を日本の鎮守、アジアに威光を及ぼす大神格に仕立て上げようとした」との指摘もある。

第３部では、こうしてランドマークとなった日光に残る「世界遺産の宝もの」を紹介したい。

第3部 世界遺産の宝もの

発信する陽明門

泰平の世 理想を込め

日光東照宮のシンボル「陽明門」には、知られざる秘密がある。2階部分の正面と背面に両開きの小さな扉があり、内部に入ることができるのだ。ただし、神職ですら足を踏み入れられない聖域だった。

「平成の大修理」の着工を間近に控えた2012年秋、文化庁の現地調査でその内部が明らかになった。陽明門には階段がないため、調査官ははしごを掛けて外から2階へ。腹ばいで扉の奥に入った。

懐中電灯で照らされた内部は、柱や壁面など全体が黒光りしていた。黒漆で何重にも塗り込まれていたのだ。人の目に触れない部分でも、手抜きは一切しない。あまたの社寺建築を知る調査官も「極めてまれ」と舌を巻いた。

コストも手間暇も掛かるはずだが、なぜ内側にまで技巧を凝らしたのか。

ISBN978-4
C0021 ¥150

下野新聞社事業出
〒320-8686 宇都宮市昭
TEL028(62

売上カード

定価
本体1,500円+税

補充注文カード

貴店名

年　月　日

部数　部

書名　世界遺産　聖地日光

発行所　下野新聞社

著者　下野新聞社編集局

定価　本体1,500円+税

9784882866206

ISBN978-4-88286-620-6
C0021 ¥1500E

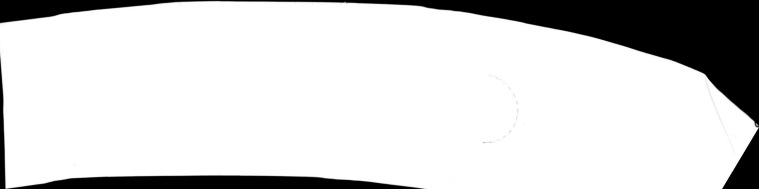

2013年から「平成の大修理」が続く陽明門の２階部分。龍などの霊獣彫刻は極彩色が施され、“化粧直し”がほぼ完了した

「人の目には触れなくても、神様（徳川家康）は見ている。日本一の建物なので、下手な仕事はできない」。東照宮の修理に長年携わった職人は、そう言い切った。

工芸、装飾技術の粋を集めた陽明門は、江戸建築の最高傑作の一つだ。幕府の絶対的権威の象徴でもあった。大棟梁《とうりょう》と呼ばれた大工の甲良宗広《こうらむねひろ》が建造を指揮し、江戸幕府初の御用絵師、狩《か》野探幽《のうたんゆう》が絵画を担当した。

東照宮研究の第一人者である千葉大名誉教授の大河直躬《おおかわなおみ》さんは「従来の宗教建築の枠を超え、新しい国家像、政治の理想像を表現しようとした」と説明す

修復を終えた「司馬温公の瓶割り」

る。

空間を埋め尽くすかのように施された彫刻は、全部で508体。吉兆的な意味合いを持つ唐獅子や龍などの霊獣に目が奪われがちだが、人物彫刻にこそ、その神髄がある。

例えば、2階手すりの真っ正面にある「司馬温公《しばおんこう》の瓶《かめ》割り」。中国王朝「北宋」の政治家・司馬温公が少年時代、大きな水がめに落ちた友人を救うため、父親が大切にしていたかめを割って助け出した逸話がモチーフだ。父親は息子の行いを褒め、命の大切さを説いたという。

このような唐子《からこ》（中国の子ども）の遊び風景を主題とした彫刻群は、20体に上る。

東照宮の元神職、高藤晴俊さんは「戦乱や飢餓、貧困の社会では子どもは安心して遊べない。家康が実現した『天下泰平の世』を表すとともに、江戸幕府の目指す政治理念も示している」と解説する。

陽明門に膨大な彫刻を施した目的は何か。記した史料はない。だが、彫刻の声なき声に耳を傾けていると、一つ一つに込められた重要なメッセージが聞こえてくるようだ。

◇　◇　◇

徳川家康、三代将軍家光の廟は「日本一の参道」日光杉並木の奥にある。

廟を守る日光東照宮、輪王寺大猷院などの社寺建築は、大樹茂る自然景観と一体となって存在している。明治維新の荒波などを乗り越え、その壮麗さやメッセージ性があらためて評価されている。

第3部では2015年5月17日の東照宮式年大祭を前に、世界遺産日光の社寺の「宝もの」を取り上げ、その価値とエピソードを紹介した。

陽明門と桂離宮

共通する細やかな技

「建築と芸術の天才的作品であり、これらが森のなかに自然に配置されている」日光の社寺は1999年、世界遺産委員会からこう評価され、東日本で初めて文化遺産に登録された。東照宮の壮麗さは霊廟史の中でも際立っている。

しかし厳しい見方もあった。

昭和初期に来日したドイツ人建築家のブルーノ・タウトは、京都の桂離宮を歩いて「泣きたくなるほど美しい」と絶賛し、日光東照宮を訪れ「建築の堕落。その極致」と酷評した。千葉大名誉教授の大河直躬さんは「今考えたらとんでもない意見でした。ですが影響が長く残り、建築の専門家が日光に来なくなったのです」と振り返る。

桂離宮は、後陽成《ごようぜい》天皇の弟の智仁《としひと》親王が造営した別荘である。宮内庁の資料によると、親王は一時、豊臣秀吉の養子になったが、秀吉に実子ができたため縁組を解消。後に八条宮家

9坪余りの陽明門は508もの彫刻があり、日暮門と呼ばれている

を創立し、源氏物語ゆかりの地に親子で半世紀をかけ別荘を完成させている。

一方、東照宮は3代将軍徳川家光が延べ450万人以上を投じ、ほぼ同じ時期に1年5カ月で造り上げた。彫刻の数は5100以上。当代一流の職人と芸術家が技術を注いだ。

東洋大教授の内田《うちだ》祥士《よしお》さんは「密度に対する意欲はただならぬものがある。短い期間に集中的に、しかし破綻なく造ってみせた。統率力と組織力がなければできなかった」と評価する。

別荘と神廟とでは目的も自然条件も違う。

しかし大河さんは「造った人にも直接

日光東照宮と同時代に建造された桂離宮の書院（宮内庁京都事務所提供）

間接の関係があり、空間の意匠構成など共通した表現を生み出している。ともに最高級材の唐木《からき》も使っている」と指摘する。東京大大学院特任教授のウィリアム・コールドレイクさんは「タウトが影響を受けたモダニズムは装飾の否定でした。しかし桂離宮も技術が複雑で細かく、数寄屋はタウトの言うシンプルとかとは違うのです」と語る。

機能主義だけでみたタウトの視点は、あまりにも一面的に過ぎたということだろう。

黒田家献納の石鳥居

家運懸け海路で運搬

東照宮の境内入り口に、鳳凰《ほうおう》が翼を大きく広げたような大鳥居がそびえ立っている。高さが9メートル、柱周りで3・6メートル。花こう岩による江戸時代最大の石鳥居である。

石柱の下部に「元和4（1618）年、黒田《くろだ》筑前守長政《ながまさ》」と刻銘がある。2014年のNHK大河ドラマ「軍師官兵衛《かんべえ》」の主人公の長男。関ケ原の合戦で最大の功労者になった長政が、領地（福岡県）の可也山《かやさん》から60トンを超える巨石を切り出し、はるばる日光にまで運んで東照宮に大鳥居を建立した。

家康が亡くなってすぐ、巨大鳥居の献納を計画したのだ。どう運んだのだろう。

可也山は高さ365メートルの独立峰で、山容から「筑紫富士」と呼ばれている。その神話にも彩られた山を、伊都国歴史博物館学芸員の河合修《かわいおさむ》さんに案内してもらった。

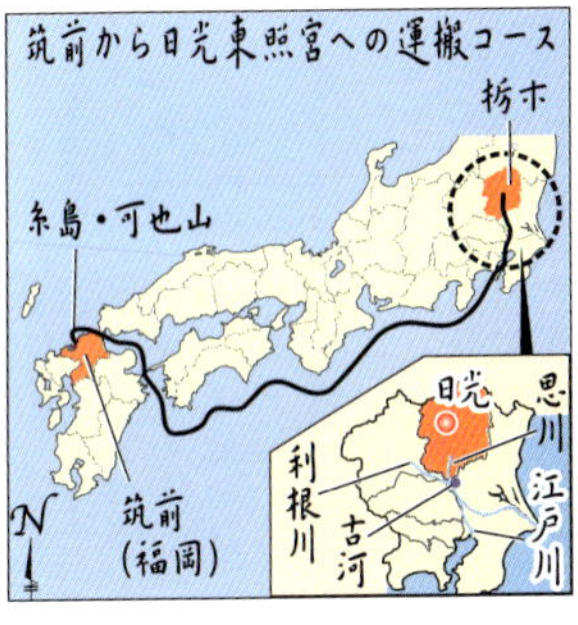

黒田家が家運を懸けて造営した東照宮の石鳥居

険しい坂道を、息を切らしながら1キロほど付いて行くと、山道の左に高さ5メートルもある巨石が。河合さんは、その前に立って「ここが日光に切り出したとみられる石切り場跡です。ここから南西の玄界灘に下ろし、陸地を丸棒で港まで運んで、大船を横に数隻並べて太平洋を渡っていったようです」。

船は江戸から川を上って日光に向かった。

黒田家の歴史をつづった黒田家譜には「長政、武州隅田川で川船に移し、栗橋まで利根川をのぼせ、古賀（河）より陸地をやり、宇都宮を通りて日光山へ着」とある。日光市の歴史研究者田《た》辺《なべ》博《ひろ》彬《あき》さんは

長政夫人の栄姫は家康の養女として嫁いでおり、大名夫人で唯一、石灯籠の奉納を許された

「下野の乙女河岸からというのが定説でしたが、定船場だった（茨城県の）古河から陸路を行った可能性が高い」と語る。

黒田家は、長政夫人の栄姫《えいひめ》も石灯籠を2基奉納している。大名の取りつぶしが頻発した時代。

河合さんは「黒田家は秀吉の子飼いとみられており、徳川家へのより一層の忠誠を示す狙いがあった。石灯籠だけでは諸大名から出遅れてしまうかもしれないと、家運を懸けて石鳥居を奉納した」とみる。

酒井家奉納の五重塔

そびえる忠義の証し

3代将軍徳川家光は「生まれながらの将軍」ではない。両親から疎まれ、後継者に指名されない恐れがあった。両親が溺愛したのは、実弟の忠長。家光はどんな思いでそれを見つめたのだろう。

だが、孤独ではなかったはずだ。生涯を懸けて支えてくれる忠臣がいたのだから。

小浜藩（福井県）の初代藩主・酒井《さかい》忠勝《ただかつ》は、家光から「わが右手」と呼ばれた。家光の17歳年上。若狭歴史博物館の学芸員有馬《ありま》香織《かおり》さんは「家光の精神的よりどころだった」と分析する。

実際、家光が忠勝に送った自筆書状には「（忠勝の）心の内が分かった上は、少しも遠慮することなく思う通りに発言せよ」との記載がある。

そんな信頼関係を裏付ける建造物が、日光東照宮に残る。忠勝が徳川家康の三十三回忌

（1648年）に当たって奉納した五重塔だ。境内にある木造建造物55棟のうち、大名の奉納はこの1棟のみ。有力大名であっても灯籠ぐらいしか認められなかったため、特別扱いの度合いが分かる。

高さ36メートルの五層造りで、内部は吹き抜け。四層から鎖でつり下げられた心柱（直径60センチ）が、中心を貫く構造だ。心柱の最下部は地面から10センチ程度宙に浮いている。経年による木材の収縮が起きても隙間を生じさせない効果があるとされ、地震の時には建物の揺れを軽減するという。

五重塔は1815年の失火で焼失した。現在の建物は忠勝の子孫によって1818年に再建された

忠勝の子忠直が東照宮に奉納した大型の渾天儀（中央）。現存する江戸期の渾天儀は全国で 30 基程度という

この構造は、世界一高い電波塔「東京スカイツリー」の制震システムに応用された。スカイツリーのデザイン監修を務めた彫刻家、澄川《すみかわ》喜一《きいち》さんは、日光の五重塔を「日本人の巧妙な知恵が実証された建築物」と絶賛する。

また、忠勝や酒井家の奉納品は、東照宮宝物館に数多く所蔵されている。びょうぶや天体の運行を測る機器「渾《こん》天儀《てんぎ》」などだ。

家光は死の間際、自分を日光に葬るよう遺言した。その相手こそ、忠勝だった。二人の深い絆は、今も日光に息づいている。

猿の彫刻

願いや教訓 人生表現

三猿といえば、日光東照宮の「見ザル、言わザル、聞かザル」を思い浮かべる人がほとんどだろう。

だが、受け止め方は千差万別。「日光の三猿では駄目。見るべきものを見て、人の話をよく聞き、言うべきことは言うべきだ」との非難まである。

これに対し、東照宮元神職の高藤晴俊さんは「そんな議論は江戸時代にもあったが、真の意味を理解していない」と冷静に受け止める。「猿を通じて人の一生を表現している。全体を見てほしい」

三猿を含む猿の彫刻は、全部で8面。神馬の小屋「神厩舎《きゅうしゃ》」に施されている。古来、猿が馬の病気を治す守り神とされてきたためという。見る人によって解釈はさまざまだが、高藤さんの見解に沿って紹介してみたい。

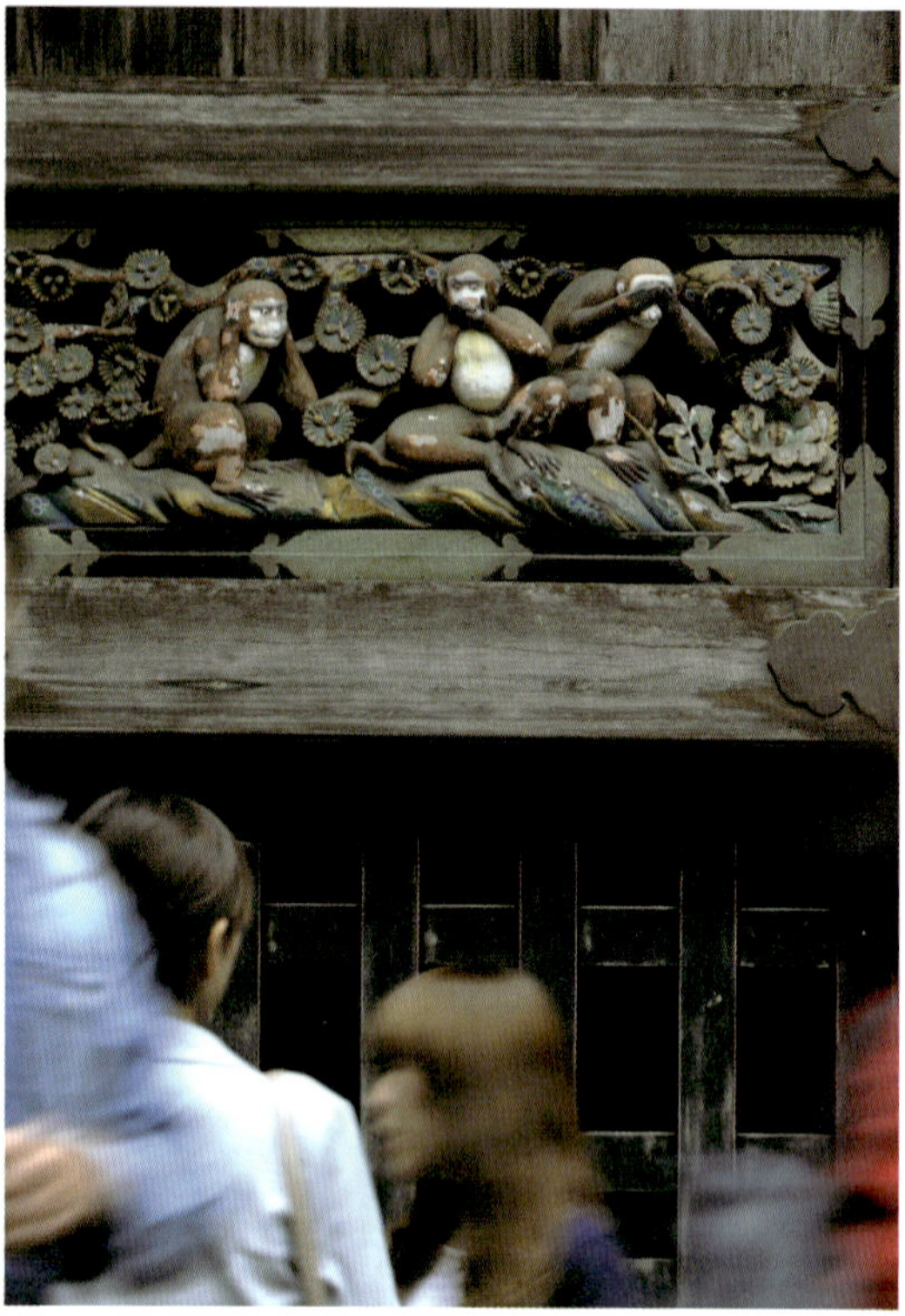

三猿は日光東照宮の中で最も人気の高い彫刻の一つだ

最初は「母子の猿」。手をかざして遠くを望む母を子が見上げる。子どもの幸せな未来を願う母の姿だ。

2番目の「三猿」は、幼少期がテーマで「物心がつく時期は、悪いことを見たり、聞いたり、話したりせず、純粋な心のまま成長せよ」との教えを表している。

その後は、じっくり座って将来を考える「独り立ち前」や天を仰ぎ見て志を高く持つ「青年期」、崖っぷちに遭遇して真下をのぞき込む猿と慰める猿を描いた「人生の曲がり角」へと続く。

ここまでが厩舎の北側に位置し、実際に角を曲がって西側に移動すると、新たな人生が開ける。

恋愛中で物思いにふける「恋わずらい」を経て、ついに「結婚」。2匹の前に荒波が彫られ、「力を合わせれば、困難も乗り越えられる」との教訓を示す。

「妊娠した猿」が最後。子が生まれると最初に戻り、また新たな人生が始まる。

旧来、三猿は保身や処世術の一種と解釈された。だが、それは間違いだろう。躍動感あふれる猿たちが訴えているのは、人生謳歌《おうか》の物語なのではないか。

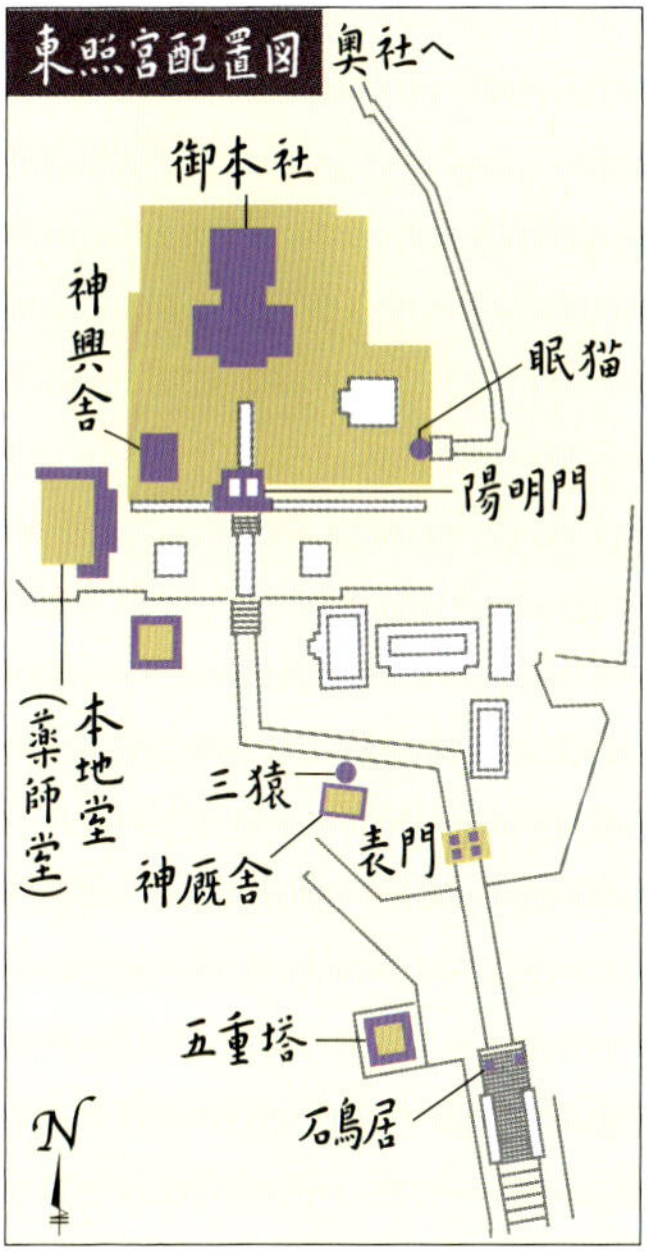

鳴竜のある本地堂

維新や火災乗り越え

陽明門に向かって左に「日光の鳴竜」で知られる本地堂がある。

東照宮の境内で最も大きい建物であり、薬師如来を祀っているので薬師堂とも呼ばれている。間仕切りの先の内陣に入ると、正面中央に宮殿があり、そこに本地仏の薬師如来が安置されている。

案内役の輪王寺職員が「徳川家康公は両親が愛知県鳳来寺の薬師如来に願をかけて授かっており、日光への鎮座に当たり鳳来寺から勧請《かんじょう》して祀ったのです」と解説する。

そして今にも天に昇ろうとする天井の竜を見上げて「この竜はある場所でしか鳴きません。いいですか、よく聞いてください」

職員はそう言いながら、数カ所で拍子木を打つ。すると竜の顔のあたりで「リーン、リーン、リーン」と高い音が。鈴を転がしているようにも聞こえるので、鈴鳴竜とも呼ばれるという。

本地堂は江戸初期に、3代将軍家光が別の場所から移築。天井には、当時を代表する絵師の一人、狩野安信《かのうやすのぶ》による大竜が描かれていた。敷かれていた畳を明治初期に取ったところ、竜が鳴いているように聞こえてきたという。

内陣の天井に描かれている「日光の鳴竜」。拍子木を打つと共鳴し、鈴のような鳴き声に聞こえる

東照宮の境内にあるが、輪王寺が使用している。
明治維新政府の神仏分離令によ

本地堂（薬師堂）には家康の本地仏薬師如来が安置されている

り日光でも神地からの堂塔移転が論じられたが、日光町民が「それでは旧観が破壊される」と維持を訴えるなどしたため、東照宮境内の堂塔はそのままに残ったという。本地堂は、その神仏習合時代の象徴的な建物の一つである。

1961年3月、この本地堂であってはならないことが起きた。

春雪の舞う夜に出火して23時間半も燃え続け、薬師如来や十二神将、鳴竜を焼失してしまった。当時の下野新聞は1面で「薬師堂全焼す　先人の遺産、一瞬で灰に」と報じた。暖房器具の不始末が原因とされた。

本地堂はその7年後に再建。ヒノキの天井の鳴竜は、熊本出身の日本画家堅山南風《かたやまなんぷう》によって雄々しい姿を取り戻し、今に至っている。

唐門の意味

唐木に「正統性」刻む

日光東照宮には特別の時にしかくぐれない門がある。白と金が基調の唐門である。東照宮宮司の稲葉久雄さんは「普段は閉ざしていて大祭と中祭の時や賓客、外国要人が来た際にお通ししているのです」と語る。

唐門は権力の象徴とされる。彫刻の数は611と陽明門を上回る。最高級材の唐木をぜいたくに使っている。

中でも目を引くのが貝殻の白い胡粉《ごふん》で塗られた「舜《しゅん》帝朝見の儀」。これは中国の神話で最も理想の時代とされた堯《ぎょう》帝―舜帝の治世を描いているという。

堯帝の没後、後継者となるはずの堯帝の息子には人心が集まらない。これに対し、娘婿の舜はいじめた継母をも「親は親」と大切にした。舜は帝位に就くことを辞退するが、喪が明けた後、周囲に推されて帝位に。能力のある者への「政権の禅譲」である。

白塗りの唐門。唐木を多く使っていることから唐門と呼ばれたとされる

東照宮元神職の高藤晴俊さんは、彫刻の意味をこう説明し「舜帝を家康になぞらえ、徳川の正統性、覇権でなく豊臣秀吉から『政権を禅譲された』と言っているのではないか」と語る。異論もあるが、この解釈は分かりやすい。舜帝の治世が「内平外成」（内も外も平和だったという意味）として中国の古典にあり、日本の年号「平成」につながっていることも興味深い。

政治的メッセージは誰が込めさせたのだろう。

宗教的に主導したのは天海であり、寛永の大造替で彫刻を担ったのは大工の大棟梁甲良宗広だった。宗広は出身地の滋

正面にある彫刻「舜帝朝見の儀」

賀県甲良町が「東照宮の造営で、これだけの人と仕事を組み立て、全体を誤ることがなかった世界史にもまれな天才」とたたえている人物。

高藤さんは「圧倒的に指導力を発揮できたのは、狩野探幽《かのうたんゆう》。重要なところは狩野派が下絵を描いている。『家康は偉かった』とゴマをすっているが、実は家康がこうやったのだから（後の将軍も）理想を引き継がねばならないと。平和をもたらす政治を行えと言っている」と話す。

御本社の深秘

神聖な社殿 深まる謎

日光東照宮は、ミステリアスな空間だ。「深秘《じんぴ》」と称される極秘事項が存在し、知れば知るほど謎が深まる。

御本社は、拝殿と本殿の2棟を1段低い石の間で結ぶ構造が特徴。彫刻の数は2468体で全体の半数を占める。徳川家康の神号「東照大権現」にちなんだ「権現造り」の名称で、全国に広まった。

礼拝を行う拝殿は99畳の広さで、大名以上しか昇殿できない。着座位置も石高によって決められ、将軍を頂点とした序列を明確化する舞台でもあった。東側に将軍の特別室「将軍着座の間」、西側には出家した皇族の特別室「法親王着座の間」がある。

日光東照宮御本社平面図

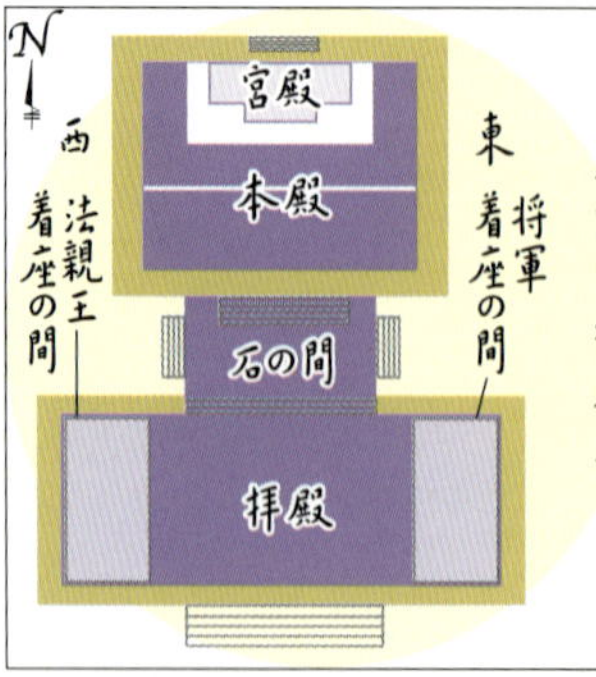

石の間から本殿を望む。日光東照宮では毎朝、神職２人が神前に供物を供え、平穏無事を祈願する

最も神聖な社殿とされるのが、本殿だ。家康のご神体が安置され、一般参拝客の見学は許されていない。神職ですら、歳末の大掃除「すす払い」の時ぐらいしか入室できない。ある神職は「畏れ多いので、目を伏せながらすす払いをする。ほとんど見ていない」と多くを語らない。

どういった構造になっているのか。謎に迫ってみたい。

江戸時代、本殿は「善尽くし、美尽くした」とのみ伝えられ、庶民はその概要すら分からなかった。

だが、太平洋戦争後の一時期、本殿の入り口付近に入ることができた。外陣と呼ばれ、神前に供え物をささげる所だ。その奥には内陣と内々陣があり、本殿はこの3室で構成されている。

最奥部の内々陣には、いったい何があるのか。建造時に総奉行が記した記録などをたどると、「御宮殿」との記述に行き着く。このスペースにご神体が安置されていると考えるのが妥当だろう。

肝心のご神体だが、これこそ最大の「深秘」だ。ただし、ヒントはある。全国の東照宮には、公表されたご神体がある。徳川家の菩提寺・増上寺の芝東照宮などだ。いずれも公家の正装「衣冠束帯」姿の家康の座像だった。

そうはいっても、日光が同じだとは限らない。永遠の謎だからこそ、神秘性がより増すのだろう。

眠り猫と左甚五郎

平和の象徴説が定着

日光東照宮で最も有名な彫刻といえば「眠り猫」。

ボタンの花に囲まれながらまどろむ猫の幅は約21センチ。初めて見た人の大半はその小ささに驚くが、名人・左甚五郎《ひだりじんごろう》の代表作として知られる国宝だ。

置かれたのは徳川家康が眠る奥社参道入り口という要所。その解釈をめぐってさまざまな議論があったが、東照宮元神職の高藤晴俊さんは平安時代から江戸時代初期に制作された、猫を題材とする複数の意匠を根拠に「平和の象徴」説を定着させた。

高藤さんが注目したのは表面に彫られた猫と裏面のスズメとの関係性。「猫とボタンの組み合わせは古くから富貴の象徴として用いられ、猫が獲物を襲って食べる図柄も多かった。眠り猫の作者は戦乱を終わらせた家康公をたたえるため、当時主流だった図柄に一ひねり加えたのではないか」。スズメを前にした猫を眠らせることで「共存共栄」の精神を表す謎解

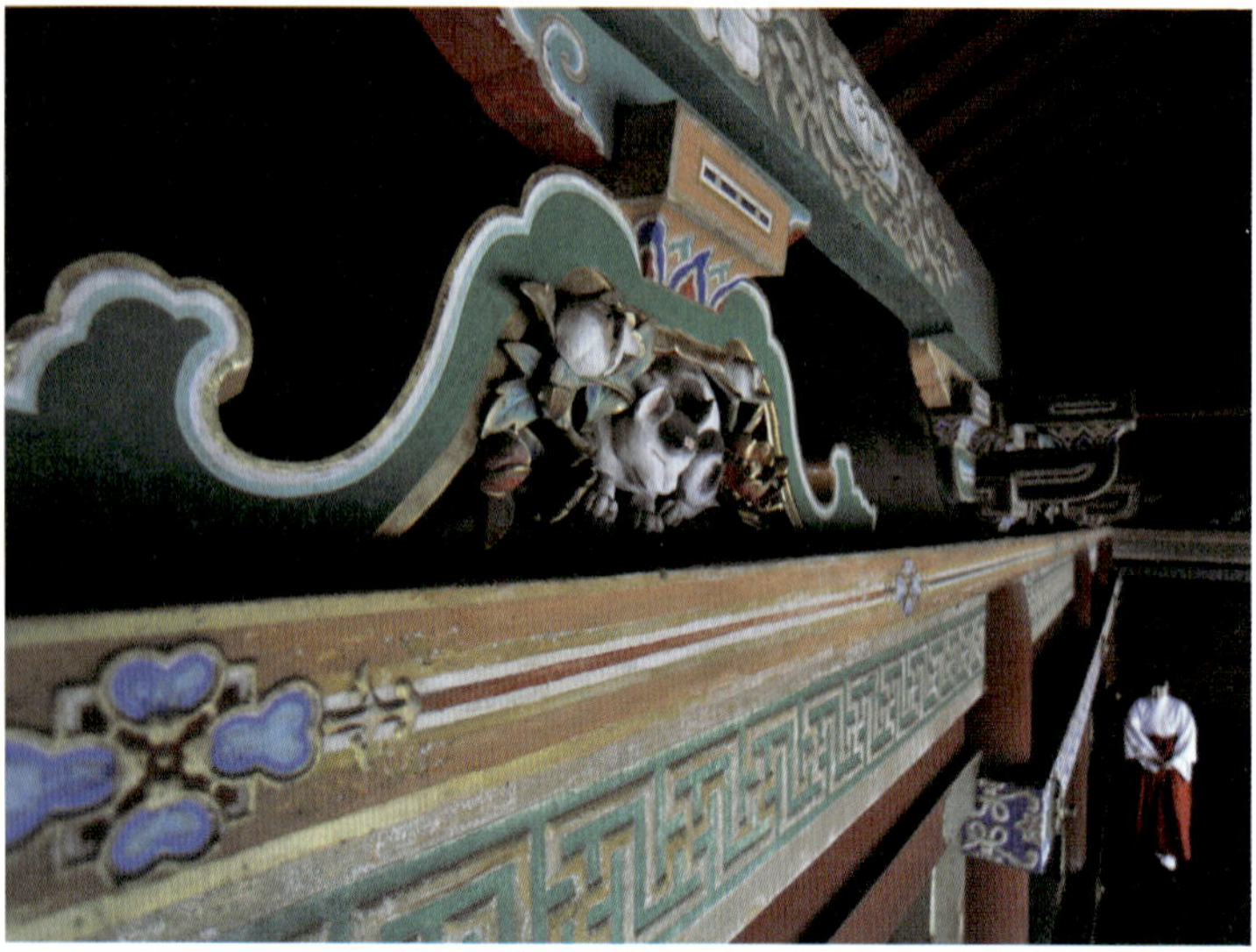

左甚五郎の代表作として紹介される「眠り猫」

きのようなデザインは、約5千体の彫刻の中で個性を際立たせる狙いがあったようだ。

左甚五郎は江戸時代後期に講談や落語で何度も登場。しかし、その記録は東照宮に存在せず、実在の人物かどうかは不明だ。

眠り猫の制作と同時期に記された讃岐国（香川県）高松藩の家臣名簿に「大工頭甚五郎」とあるが、「左」姓や日光との関わりを示す文言はない。高松市の野外博物館「四国村」には甚五郎の墓とされる石があるが、これも確証はない。

甚五郎作とされる彫刻は全国100カ所以上にある。仮に実在しなかったとす

「眠り猫」の裏面に彫られた２羽のスズメ

れば、甚五郎が名人として偶像化される背景に何があったのか。

愛媛大法文学部の胡《えべす》光《ひかる》教授は「東照宮が有名になるにつれて各地で社殿や彫刻の制作が盛んになり、その過程で職人の理想像が出来上がっていったのではないか」とみる。

眠り猫といえば左甚五郎、左甚五郎といえば眠り猫。東照宮を代表する彫刻と伝説の職人は、互いの名声を高め合う形で語り継がれている。

奥社の変遷

宝塔、木や石から銅に

日光東照宮の坂下門を進むと、華やかな雰囲気が一挙に消え、荘厳な空気に変わる。老杉に囲まれた参道の石段は２０７。上り切った恒例山の中腹に、鳥居や拝殿、鋳抜門《いぬきもん》、宝塔などからなる徳川家康の奥社（墓所）がある。

江戸時代、坂下門から先は将軍しか入れなかった。東照宮神職の山作良之《やまさくよしゆき》さんは「50年前の昭和の３５０年祭から一般にも開放され、誰でも参拝できるようになったのです」と解説する。

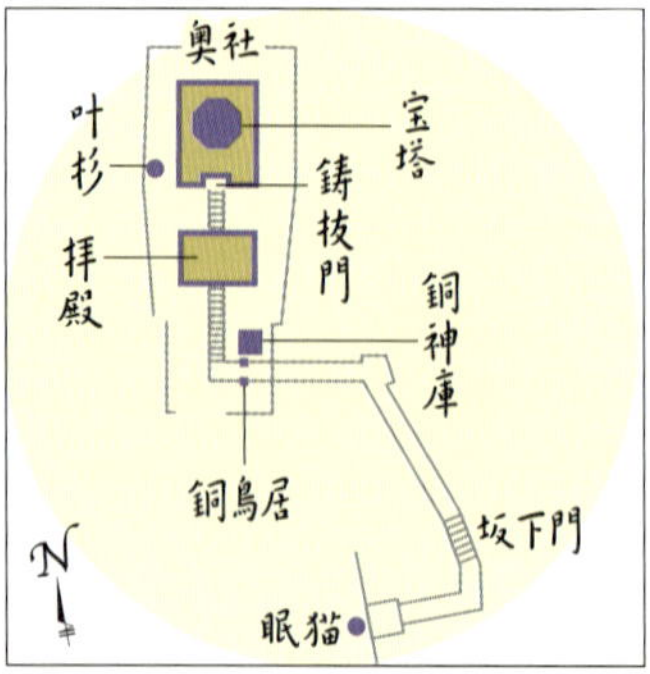

この奥社は東照宮の中で最も歴史的に変化している。家康の遺体が、駿河の久能山から日光東照宮に運ばれ、奥社の廟《びょう》窟《くつ》に改葬されたのは１６１７年４月。遺体を納めた最初の木

造の宝塔はこの5年後に完成した。

ところが3代将軍家光による寛永の大造替で、石造りの巨大な宝塔になり、さらに半世紀後の天和の大地震でそれが倒壊したため、今度は青銅製の宝塔に再建され、今に至っている。

老杉に囲まれて青銅製の鋳抜門がある。右後方に見えるのは家康の宝塔

最初の木造の宝塔は、奥社拝殿とともに上野国（群馬県）の世良田東照宮に移されたが明治時代に撤去。大地震で崩れた石製の奥社宝塔などは、奥社唐門と石鳥居が昭和に入って旧宝物館の近くに復元されている。

宝塔に安置された遺体について、東京学芸大教授の大石学さんは、宇都宮市内

２代将軍秀忠の建てた奥社の木造宝塔などが東照社縁起絵巻に残る

の講演で「静岡県内では『なお久能山に残る』というキャンペーンが展開されている」と紹介した。

この静岡県内の主張について、上野寛永寺の元執事長浦井正明さんは「東照宮の祭神である東照大権現が、家康その人（の遺体）と離れていては意味がない。（日光で）不即不離の関係にあることは、天海が最も重視していたことなのです」と繰り返し否定している。

天海は、天台宗の神仏習合思想の神道で家康を祀った。

家康を偉大な神「大権現」にするため、神仏習合の伝統が確立されていた日光に遺体を運ぶ必要があったのだ。

家光墓所「大猷院霊廟」

家康に畏敬、装飾抑え

徳川家光が残した功績は、どんなものだったのか。

ＮＨＫ大河ドラマの時代考証を手掛ける東京学芸大教授、大石学さんは「現代に連なる国家や社会の基礎を作りあげた」と高く評価する。幕府機構の確立や参勤交代の制度化、さらに鎖国などの諸政策を推し進めた結果、日本社会は均質化、同質化の方向に歩み出すこととなった。

家光がいなければ、祖父・家康を祀る日光東照宮の建て替え工事もなかっただろう。

そんな家光の墓所が、日光山輪王寺の「大猷院霊廟」だ。境内の国宝と重要文化財は22件。彫刻などの装飾は抑えられ、「東照宮を超えてはならぬ」と願ったであろう家光の心根を表しているかのようだ。

中心建築の「拝殿、相の間、本殿」は北東の鬼門を向く。本殿に鎮座する家光座像も同様。

家光の命日の4月20日、大猷院霊廟では法要が厳かに行われている

北東方向に東照宮があるため、家光の意向を重視した配置とされる。宗派で違いはあるが、南向きを原則とする寺院建築において、鬼門を向くのは極めて異例だ。

しかし、実は絶妙な解決策が講じられている。本殿奥壁の裏にもう一つ部屋があり、家光の御本体「釈迦三尊《しゃかさんぞん》」の掛け軸を南西に向けて掛けているのだ。家光の意向と寺院の原則のどちらにも沿う形となる。

建物を取り囲む回廊には、ハトの彫刻が施されている。その数およそ100体。理由を輪王寺の僧侶に尋ねると、「ハトは『祖父母が孫を育てる』との言い伝えがある。家康と家光の関係性を表しているのだろう」

また、輪王寺に「霊夢像」と呼ばれる家康の画像が8幅残る。家光が、夢の中に現れた家康の姿を描かせた。敬愛ぶりがよくわかる遺品だ。

歴代将軍で最も多くの大名家の領地を没収し、実弟を自害に追い込んだ家光。冷酷と評されることもあるが、境内をじっくり巡ると、人間味あふれる「もう一つの顔」が見えてくる。

家光が夢で見た徳川家康の姿を描かせた「霊夢像」
(日光山輪王寺蔵)

南蛮胴具足

恩賞に用い人心掌握

全国を二分した関ケ原の戦い（1600年）は、当時としては世界最大規模の銃撃戦だったという。両軍合わせて3万丁とも、5万丁ともされる火縄銃が使われた。射距離や命中精度に少々難があるとされるが、威力は相当なものだ。「赤鬼」と恐れられた徳川四天王の井伊直政《いいなおまさ》は、関ケ原で受けた鉄砲傷が元で亡くなった。

流れ弾が飛び交う戦場。総大将が被弾するような事態になれば、戦況がどう転ぶか分からない。だが、堅固さを誇る最新鋭の甲冑《かっちゅう》「南蛮胴《どう》具足」を着用した徳川家康は、ひるむことなく進軍したことだろう。

ヨーロッパ（南蛮）から輸入されたよろいに日本風の改良を加えた和洋折衷の作り。急所の頭部と胴は分厚い鉄板構造で、銃弾をはじき返す。腕や腰は日本の従来の様式を取り入れ、機動性を高めた。

南蛮といえば、織田信長のイメージが強い。しかし、東京国立博物館上席研究員の池田《いけだ》宏《ひろし》さんは「文献を調べたが、信長が南蛮の甲冑を着用した記録はない」と否定する。その上

胸から腹部の中央部が尾根のように突き出した南蛮胴具足

で「逆にいくつも所持していたのが家康。恩賞として分け与えることで、政治的立場や合戦を優位にした」と明かす。

例えば、家康は関ケ原の2カ月前、有力大名の黒田長政

400年式年大祭に合わせ、2015年3月にオープンした日光東照宮宝物館

に南蛮かぶとを贈っている。長政は相手陣営の切り崩しに尽力し、勝利の最大功労者となった。

「槍《やり》の半蔵」と称され、武勇に優れた家臣の渡辺守綱《わたなべもりつな》にも同時期に、分け与えている。

家康が関ケ原に携えた具足はその死後、日光東照宮に奉納される。きり製の外箱には「関原御陣御着用御具足」と墨書されている。現在は、東照宮宝物館の一番目立つ場所に飾られている。

家康自身を銃弾から守り、家康流の人心掌握術にも活用された南蛮胴具足。陰に隠れた存在ではあるが、天下分け目の大戦で果たしたその役割は、少なくない。

名刀「助真」

家康喜ばせた献上品

国宝に指定された栃木県の文化財は、17件に上る。全国から宝物が集まった東京都や古都・京都府などに続き、全国で10番目に多い。

陽明門などの建物にばかり注目が集まるが、宝刀4振りもそれぞれ特色がある。日光二荒山神社が所有するのは、国宝で日本一長い「備州長船倫光《びしゅうおさふねともみつ》」と国宝で日本一短い「来国俊《らいくにとし》」。日光東照宮の「助真《すけざね》」と「国宗《くにむね》」の2振りは、徳川家康ゆかりの至宝だ。

「陽明門よりも価値がある」。愛刀家をそう心服させるのが、通称「日光助真」。鎌倉中期の刀工助真の代表作で、刀身の波模様（刃文《はもん》）の華やかさが特徴だ。刀収集家だった家康が、特に好んで手元に置いた。

豊臣秀吉子飼いの猛将加藤清正が家康に献上した。時期は秀吉の死後だという。天下人への階段を上っていく家康と、没落していく豊臣家。清正は豊臣家への忠義と徳川政権での生

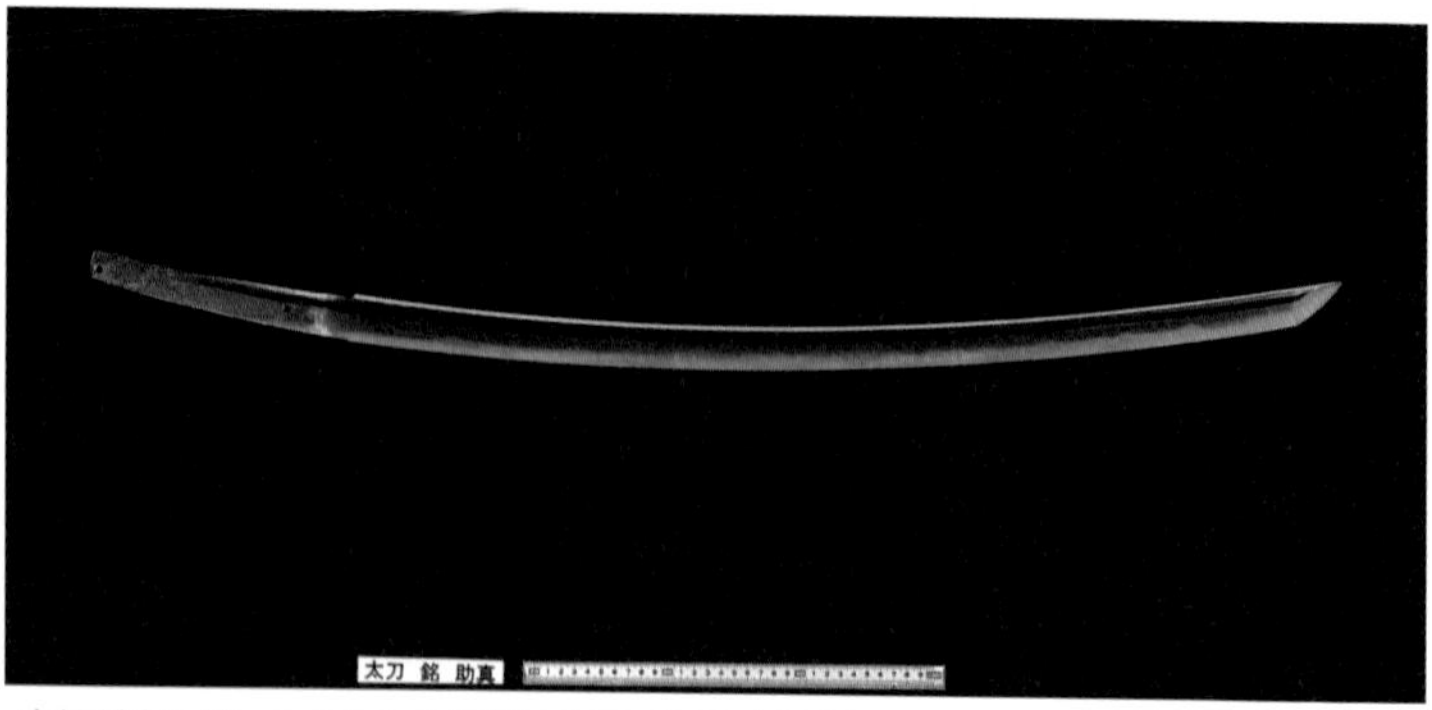

身幅が広くがっしりとした助真の刀身（日光東照宮提供）

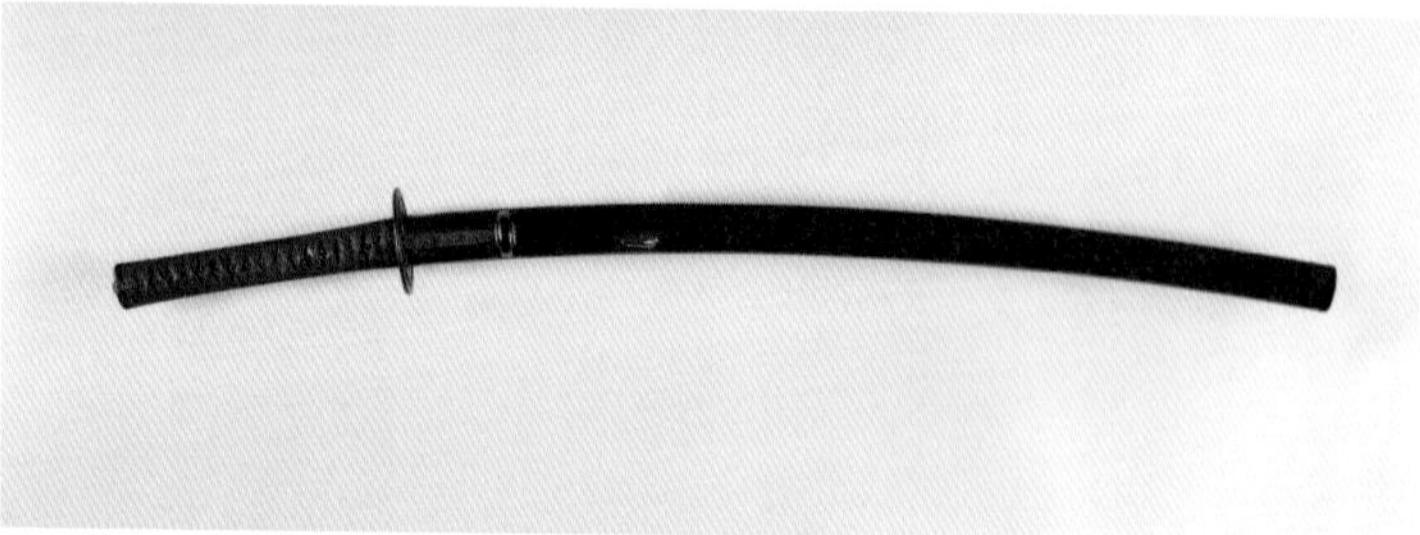
家康の好みを反映した「助真拵」（日光東照宮提供）

き残りのはざまで悩んでいたとされ、宝刀の献上は苦肉の策だったのだろう。

ことのほか喜んだ家康は、自分好みの拵《こしらえ》（外装）を作らせた。刀身を入れるさやは黒漆塗りで、地味だが味わいがある。「助真拵」と呼ばれ、江戸時代に手本の一つとなった。

東京国立博物館上席研究員の池《いけ》田《だ》宏《ひろし》さんは「名刀をたくさん輩出した鎌倉期の中でも代表的な作品。歴史的経緯も含め、その価値は極めて高い」と絶賛する。

もう一方の国宗も鎌倉中期の名工で、大名池田輝政《いけだてるまさ》が献上した。現在の姫路城を築城した輝政は、家康の次女を後妻にするなど結びつきが強い。

家康ゆかりの宝刀は東照宮の造営以来、「第一級の宝」とされてきた。だが、危機が訪れる。1812年大みそかに発生した大火だ。宝物を保管していた銅庫に炎が迫った時、神職2人が決死の覚悟で庫内に飛び込み、宝刀を〝救出〟したという。

所有者を変えながら守り伝えられてきた宝刀。その一振り一振りが、貴重な歴史の証言者なのだ。

栃木県の国宝（17件）

●建造物
- 東照宮本殿、石の間及び拝殿（日光・東照宮）
- 東照宮正面及び背面唐門（日光・東照宮）
- 東照宮東西透塀（日光・東照宮）
- 東照宮陽明門（日光・東照宮）
- 東照宮東西廻廊（眠り猫など）（日光・東照宮）
- 輪王寺大猷院霊廟（本殿、相の間、拝殿）（日光・輪王寺）
- 鑁阿寺本堂（足利・鑁阿寺）

●古文書
- 那須国造碑（大田原・笠石神社）

●工　芸
- 太刀助真（日光・東照宮）
- 太刀国宗（日光・東照宮）
- 大太刀備州長船倫光（日光・二荒山神社）
- 小太刀来国俊（日光・二荒山神社）

●美術・典籍
- 大般涅槃経集解（日光・輪王寺）
- 宋刊本文選（足利・足利学校）
- 宋版禮記正義（足利・足利学校）
- 宋版尚書正義（足利・足利学校）
- 宋版周易註疏（足利・足利学校）

3基の神輿

維新の風 祭神変える

日光東照宮の春の渡御祭には3基の神輿が繰り出される。「約800キロの神輿を50人ほどで担ぎ、前後に千人余が加わっているので『千人武者行列』とも呼ばれているのです」と禰宜の湯沢一郎さん。

江戸初期に近江職人によって造られた神輿は、引退して新宝物館に展示されている。

今の神輿は、陽明門をくぐって左の神輿舎《しんよしゃ》にある。目を引くのは、天井の金箔《きんぱく》地に豪快に描かれた「天女奏楽《そうがく》の図」だ。細面の美女3人が楽器を奏でながら舞っている。

3基の神輿はその下に並んでいる。中央に葵紋《あおいもん》の徳川家康、左が日光山を保護した抱き茗荷《みょうが》紋の源頼朝、右側が巴《ともえ》の紋の豊臣秀吉の神輿だ。

なぜ秀吉の神輿まであるのだろう。

幕末に江戸城を無血開城させた幕臣勝海舟《かつかいしゅう》が談話集「氷川清話」で「久能山（静岡県）だ

とか日光をただ単に徳川氏の祖廟とばかり思っているだろうが、決してそうではない」と触れている。海舟は「(久能山は) ちゃんと織田信長、秀吉、家康の霊を合祀《ごうし》してある。これで織田、豊臣の遺臣らも自然に心を徳川氏に寄せてきたのさ」と続け、日光東照宮に秀吉の神輿を置いたのも懐柔策と捉えている。

神輿舎内部の「天女奏楽の図」とその下の３基の神輿

江戸時代の東照宮には家康の東照大権現のほか、天台宗の山王神、さらに魔多羅神《またらじん》の3神が祀られた。栃木県立博

3基の神輿が納められている神輿舎

物館の元人文課長で日光観音寺住職の千田孝明さんは「家康が神となって日光に遷座すると、天海は比叡山から神々を招いて家康を唯一神にはしなかったのです」と語る。

しかし明治時代に入ると、神仏分離政策のもと、祭神名の変更を迫る新政府の求めに、東照宮側が頼朝と秀吉の名を提示したという。

東照宮元神職の高藤晴俊さんは「秀吉によって日本が統一され、これを受け継いだのが家康公です。生きているときは敵味方であっても、安定を目指した点で一緒であり、秀吉の神輿があっても矛盾しないのです」と言い切る。

オランダ灯籠

威光高める異国情緒

「ここは不思議な一角だね」。日光東照宮の境内を巡り歩いていた時、そんなささやきを聞いた。シンボル・陽明門のすぐ下の石畳。振り返ると、声の主は男性参拝者だった。目の前にあったのが、オランダ灯籠と呼ばれる外国製の献上品だ。確かにその周囲は、異国情緒が漂っている。

鎖国体制下の江戸時代、ヨーロッパで交易があったのはオランダのみ。貿易独占権を堅持するため、徳川幕府にじゅうたんなどさまざまなプレゼントを贈っていた。中でも3代将軍家光の目を引いたのが、この銅製の灯籠だった。

オランダで造られ、長崎を経由して江戸城へ。家光が観覧した後、東照宮に奉納された。1636年に贈られたシャンデリア型と呼ばれる「釣灯籠」、40年のスタンド型「蓮《はす》灯籠」とブラケット型の灯架（12基）、43年の「回転灯籠」が現存する。

オランダ国内にも匹敵するものがほとんどないという同国製の回転灯籠

陽明門から左右に延びる回廊の外壁に取り付けられた灯架は、付け根部分にイルカのデザインが用いられている。秀逸なのは回転灯籠で、オランダ国内でも匹敵する品はないという。よく見ると、徳川家の家紋「三つ葉葵《あおい》」が逆さま。不案内のオランダ人が制作したためだろう。

その脇には、朝鮮王朝から奉納された青銅製の「朝鮮鐘」もある。江戸期を通じて友好関係にあった朝鮮との平和外交の証拠といえる。

家光はなぜ、オランダや朝鮮からの贈り物を東照宮に設置したのだろうか。しかも、仙台藩の伊達政宗と

朝鮮王朝が家光の長子の誕生を祝って献納した朝鮮鐘

いった有力大名が奉納した灯籠よりも一段高い位置にあり、ひときわ目立っている。

防衛大学校准教授の野村玄さんの見解はこうだ。「徳川将軍の権威が朝鮮やヨーロッパにまで及んでいる証し。参拝に来た諸大名らに示すことで、将軍の威光を高める意図があったのだろう」

江戸期の社殿建築の粋が凝縮された東照宮。灯籠1基であっても、その配置には深い思索が張り巡らされている。

東照社縁起絵巻

大和絵で神威高める

日光東照宮に2015年春、完成した宝物館の目玉の一つに、国重要文化財の「東照社縁起絵巻」がある。2階の展示室に、実物と並んでデジタル表示の絵巻があり、祭神である徳川家康の生涯、日光東照社創建の経緯などが分かるようになっている。

神職の山作良之《やまさくよしゆき》さんは「縁起絵巻は、3代将軍家光が大僧正天海に委嘱し、1636年から4年間かけて作られたのです」と説明する。

天海が漢文でつづり、後水尾《ごみずのお》上皇が清書した真名縁起1巻は既にある。ただ難解なこともあり、これを上皇や公家の青蓮院宮尊純《しょうれんいんのみやそんじゅん》などが柔らかい筆致の仮名書きに変え、狩野探幽が大和絵を付けて分かりやすい縁起絵巻にした。

家光は幕府の権威を高めるため、100歳ほどと高齢だった天海に意見を求め、縁起絵巻の作成を思い至ったとされる。愛知県の岡崎市美術博物館長で群馬県立女子大名誉教授の榊原悟《さかきばらさとる》さんは「天海はそのため探幽に古い絵巻を参照するよう指示し、探幽はこれを見事に読み込んで、聖徳太子《しょうとくたいし》絵伝など先行絵巻の偉大な人物と家康とを重ね合わせた」と説明する。

なぜ探幽が起用されたのか。

日光山輪王寺にある天海座像

榊原さんは、都内にある狩野家の菩提所に「慶長17（1612）年、家康に拝謁《はいえつ》」という趣旨の墓誌があることに注目している。探幽は11歳の時に駿府で家康に会っており、絵巻の執筆にはこの縁

東照社縁起絵巻には、日光東照社で導師を務める天海と束帯姿の家光が描かれている

が重大な要因になっているという。

縁起絵巻は日光東照宮への奉納後、日光社参の時に将軍だけが拝観できた。御三家や大名向けにも副本や模写本が出回ったという。

防衛大学校准教授の野村玄さんは「この縁起絵巻を通して将軍家の思想的基盤を御三家と宮中で確認し、大名には社参させることで東照大権現への結集を促したのです」と語る。縁起絵巻の作成は結果的に、探幽の画風を漢画から伝統的な大和絵に脱皮させたという。

家康の神威と幕府の権威を高めることにつながった。

元和の東照社

前身の社殿 今も存在

徳川2代将軍秀忠が、日光に建てた東照社（東照宮の前身）の社殿は、不思議なことに史料がほとんど残されていない。

当時を描いた作者不詳の「日光山古図」の写しが、日光東照宮の宝物館にあるくらいだ。学芸員の山下留望《やましたるみ》さんは「重要文化財ではありませんが、秀忠時代の元和の東照社を知る上で、貴重な作品です」と語る。

中央に黒田長政奉納の石鳥居が立ち、陽明門の位置には楼門形式の門があって回廊が本社と本地堂（薬師堂）を囲むように左右につながっている。水屋や三神庫も見える。

地元日光の歴史研究家田辺博彬《たなべひろあき》さんは「最初の東照社は、それまであった堂などの跡地に昼夜兼行で造営し、わずか5カ月間で祭神の家康を迎えた。当時の大工の力量はすごかった」と評価する。

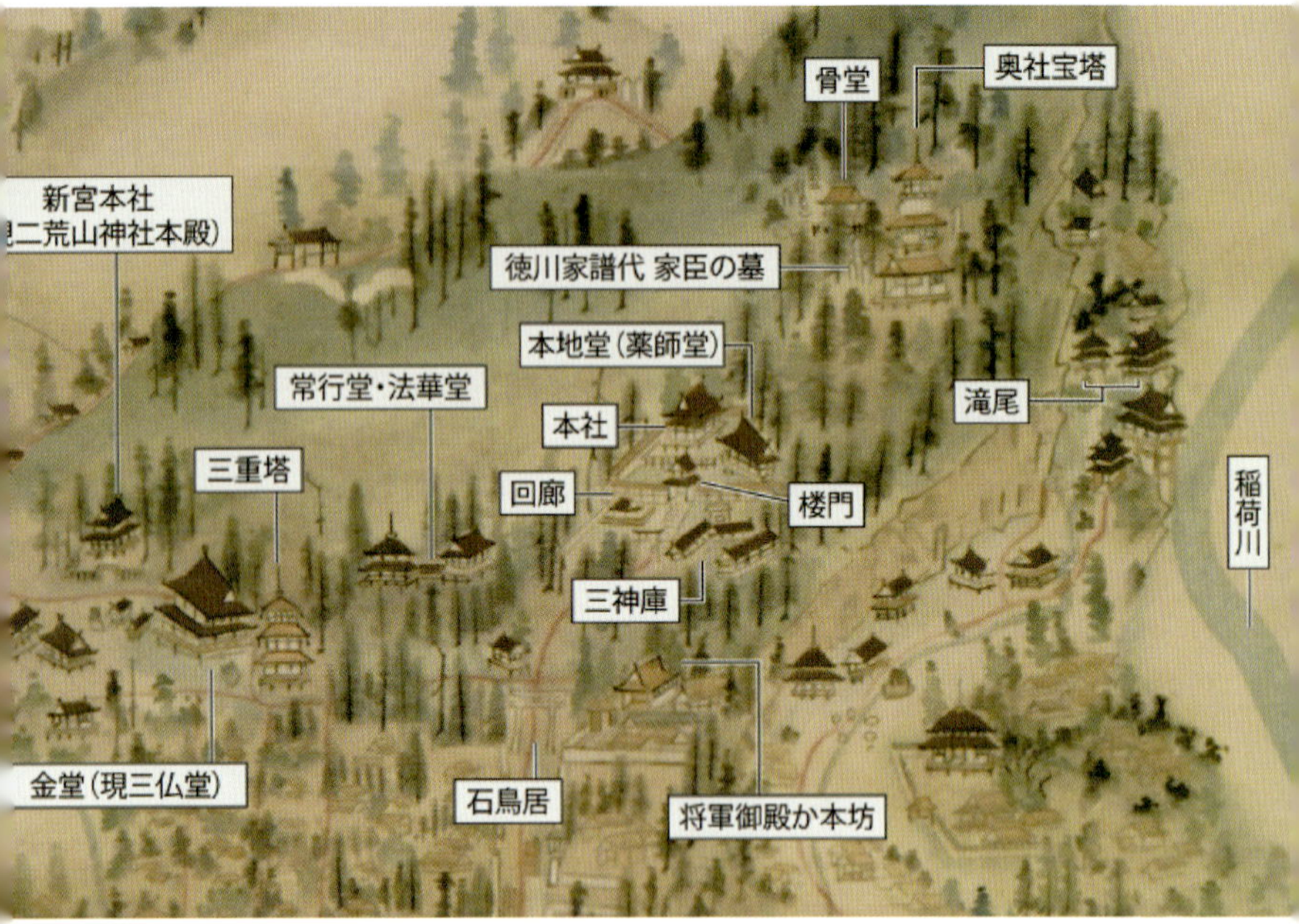

日光東照宮が所蔵する「日光山古図」（写本）。元和創建時の東照社などが描かれている

建物の配置は、現在の東照宮とほぼ変わらない。異なるのは本地堂が陽明門の内側にあり、今の御仮殿に本坊か将軍御殿が立ち、奥社に「家臣の墓」があることぐらいだ。これら日光山古図に描かれている秀忠時代の東照社は、その後どうなったのだろう。

多くは3代将軍家光の寛永の大造替で解体処分された可能性が高い。はっきりしているのは、奥社拝殿が群馬県の世良田東照宮、御仮殿の拝殿が日光二荒山神社にそれぞれ移築されたことだ。

二荒山神社禰宜の齋藤《さいとう》芳史《よしふみ》さん

日光二荒山神社の神輿舎。弥生祭の開始を告げる神輿飾り祭で同舎を出る御神輿

は「東照社の御仮殿は日光の社寺で最も古い建物であり、現在は神社の神輿舎になっています」と認めている。

古資料によると、この御仮殿で元和3（1617）年4月、後水尾天皇による「東照大権現」誕生の命文が天海に手渡されている。

最近の研究では、東照宮の中神庫も東照社創建時の建物で、寛永の大造替で校倉造風に改造されたことが分かった。秀忠が造った「小堂」は、今の壮麗な社殿の一部に元和の優美さをとどめて、しっかりと存在していたのである。

平成の大修理

宝物未来に守り伝える

世界遺産「日光の社寺」は、常にいずれかの建造物で修理が行われている。そのほとんどに施されるのが、国産の漆だ。2014年時点の国宝や重要文化財の修理で、国産だけを使用した建造物は日光のみ。他は全て、中国産を混ぜたという。

「どうして、高価な国産を使うのか」。費用対効果を考えれば、そんな疑問が湧いても仕方がない。国産の方が5倍以上の高値とされるものの、5倍長持ちするとは限らない。国内流通の9割以上は中国産。それでも、日光は国産にこだわってきた。

工事監督として修理の総指揮をする日光社寺文化財保存会の浅尾《あさお》和年《かずとし》さんは理由について「もし私たちも中国産に切り替えれば、漆産業が危機に陥るかもしれない。日本の伝統文化を守る必要があるのではないか。『伝統的資材を使い、古来の工法で往時の姿を残す』ことが修理の基本理念だ」と説明する。

日光の歴史は「修理の歴史」とも称される。多湿で雨や雪が多いため、建造物の装飾が精彩を保てるのは20〜30年程度。日光東照宮では江戸期から現在まで、大規模な工事を20回ほど実施してきた。

陽明門の屋根はひのき樹皮を使った「檜皮葺《ひわだぶき》」だったが、創建から２０年後の修理で銅板《どうばん》葺《ぶき》に替えられた。白塗りの柱やはりも、もともとはこげ茶色だったという。昭和女子大元学長の平井《ひらい》聖《きよし》さんは「彫刻などが風化して見た目が悪くなったため、化粧を施した」とみる。

2014年から「平成の大修理」が始まった日光二荒山神社の本殿の屋根

「昭和の大修理」から40年ぶりの大改修となった陽明門は、２０１７年春に完成予定。現在着工している日光山輪王寺の本堂・三仏堂や日光二荒山神社の本殿も

2019年3月には完成するという。

さまざまな変遷をたどりながら、存在感を増し続ける日光の「宝もの」。その輝きを100年後、200年後の人たちに守り伝えていくことが、今を生きる私たちに課せられた責務なのだろう。

◇　◇　◇

日光の歴史は奈良時代の766年に、勝道上人が霊峰男体山の登頂を志し、大谷川を渡って四本竜寺（本宮）を創建した時に始まった、と伝わる。2016年はこの開山から1250年を迎える。

第4部では、徳川家康の神霊が祀られた江戸時代からさかのぼり、先住氏族の伝説、奈良時代以降の開山秘話、神仏習合の歴史などを紹介したい。

第4部 開山1250年

勝道碑文

登頂の苦難に空海共鳴

日光は、地名の起こりから謎に包まれている。

神職者に尋ねると「日光連山の主峰男体山はその昔、二荒山《ふたらさん》と呼ばれており、二荒の音読みの『にこう』から『日光』になった」と主張し、仏教者は「いやいや男体山を観音様が住む補陀洛山《ふだらくさん》に見立てたのが始まり。それが『二荒山《ふたらさん》』と変わり、音読みの『日光山《にこうさん》』になったのです」と補陀洛山起源説を唱えている。

男体山麓の洞穴から年に2度大風が吹くという伝説からの二荒山説、さらに「二荒山は男体と女峰という荒れ山で、男女2神を指す」という説もある。

奈良時代末の782年、この霊峰男体山に挑んで、宗教者として初めて山頂を極めた仏教僧がいた。

芳賀郡出身の修行僧勝道《しょうどう》で、真言宗を開いた時代の寵児《ちょうじ》弘法大師《こうぼうだいし》空海《くうかい》が、その事績を後になって流麗な漢詩で紹介し、存在が中央にも伝わった。

「補陀洛山という怪しげな、化け物も恐れて通ろうとはしない高山に、15年の歳月を費やし、3度目の挑戦でやっと成功させ、桓武《かんむ》天皇から上野国《こうづけのくに》の講師《こうじ》（国分寺に設置された上座の僧）に任命された」

輪王寺の南端にある勝道上人の銅像（高さ 2.1 メートル）。旧日光市が 1955 年、前年の市制施行を記念して建てた

こんな登頂の苦難を記した空海の遺稿の写し（国宝）が奈良国立博物館に残されている。

慶応大非常勤講師の小《こ》林《ばやし》崇仁《そうじん》さんは「性霊《しょうりょう》集という遺稿の中に勝道碑文と呼ばれる傑作があり、優れた文章家の空海が、無名の地方僧の事績をここまで紹介している例はほかに聞かない」と話す。

勝道をよく知り、空海とも交流のあった下野国《しもつけのくに》の前の国学教官である伊博士《いはかせ》が、空海に依頼してできた国内初の登山記録とされる。

空海はなぜ、そこまで心動かされたのか。輪王寺出身で、京都の妙法院門主に就いている早稲田大名誉教授の菅原信海《すがはらしんかい》さんは「空海は、仏道修行のため霊地霊山を歩き回る勝道の山岳修行者としての姿に、会ってはいないけれど同志と言えるほどの共感を覚え、このような碑文を草したのではないだろうか」と語る。

勝道は766年、日光山域から流れる大谷川と稲荷川の合流地点に拠点を構えたと伝わる。勝道の弟子が記したという補陀洛山建立修行日記には「激流を渡って峰に登ると四方から四色の雲が湧き上がったので、勝道はここに千手像を造り草庵《そうあん》を結んだ」とある。

栃木県立博物館名誉学芸員で日光観音寺住職の千田孝明さんは「この地を『四神に守られた聖地』と悟った勝道が、草庵（四本龍寺《しほんりゅうじ》）と南隣に小社を建て、これが現在の輪王寺と二荒山神社の始まりになっている」と解説する。

輪王寺南端に、開山の祖勝道の銅像が道しるべのように立っている。霊峰の男体山頂を極めて聖地を見下ろし、充実感に浸っているかのようだ。

勝道は日光山内に入った翌年、初めて男体山登頂を試みたが失敗。この後、14年も挑戦をせず山内にとどまったという。

この長期滞留について日光市の興雲律院住職、中川光熹《なかがわこうき》さんは「土着の民と信仰でも融和し、登頂への基地づくりなど支援を得るための時間だった」とみる。

◇　◇　◇

2016年はその日光山内の開山から1250年に当たる。第4部では古代・中世にさかのぼり、「神と仏の聖地」がどう起こり発展したのか、その歴史を探りたい。

勝道と古代・中世の日光

766●勝道、日光山内に四本龍寺を建立と伝わる
767●勝道、本宮社創建、男体山に初めて挑んだと伝わる
782●勝道、男体山頂を極めたと伝わる
814●空海「勝道碑文」を著す
817●勝道、入寂と伝わる
820●空海来山伝説。滝尾権現を勧請と伝わる
848●円仁、三仏堂、常行堂など創建と伝わる
927●延喜式神名帳に「河内郡一座二荒山神社」と載る
1186●源頼朝、常行堂に領地を寄進
1210●弁覚、日光山24代別当に。後に光明院を創立
1253●26代別当尊家、源氏の菩提寺的性格の鎌倉勝長寿院の別当を兼ねる
1590●秀吉、小田原北条氏下す。日光山、所領を没収される

勝道のルーツ

鑑真との不思議な「縁」

茨城県境に近い真岡市南高岡に、仏生寺という真言宗の古刹《こさつ》がある。山門前の石柱に「勝道上人誕生の地」とあり、住職の中川《なかがわ》智学《ちがく》さんが「これが産湯を授かったという池です」と案内してくれた。「誕生の地」は地域の定説になっている。弘法大師空海の遺稿集にある勝道碑文には「下野芳賀郡の人で俗姓は若田氏」とあるからだ。ほかには「まだ少年にもなっていないうちから、出家の決意をして見習いとなり、受戒することができた」としか記されていない。

これに対し勝道の弟子が記したという「修行日記」は「若田氏の先祖は11代垂仁《すいにん》天皇の第9皇子」で、さらに「皇子は東国に下向しその後、病をこじらせて目を悪くしたため帰れず下野国の室八島に住んだ」としている。勝道の父は下野国府の役人だったと伝え、母は高岡郷（真岡市）の豪族の娘だったとされる。

そして勝道は20歳の時、出流山《いづるさん》（栃木市）に籠《こ》もって山林修行を始めたという。転機は761年、出家者を僧と認定する「日本三戒壇」の一つが下野薬師寺にでき、鑑真《がんじん》の高弟如宝《にょほう》と出会ったことだろう。

鑑真は5度の難破にもめげずに唐から来日し、真の仏教を伝えようとした人物で、如宝はこれに同行した。中央アジアのイラン系の人で、律にかかわる高僧伝記には「東国の薬師寺に住して律行厳《おごそ》か」と紹介され、晩年は東大寺戒壇院の最高責任者に就いている。

「修行日記」は後世の作とされ、勝道が如宝の教えを受けたという説には、否定的な見解もある。

しかし唐招提寺執事の石田太一《いしだたいち》さんは「如宝は鑑真の訓戒を直接受けた最後の僧で、空海とも交流があり、唐招提寺の4代住職にも就いている。下野薬師寺で勝道と知り合ったことについても、時期的に間違いない」と言っている。

真岡市の仏生寺山門。同寺は「勝道上人誕生の地」とされる

日光山内の開山堂に向かう僧侶たち。勝道の命日（４月１日）には毎年、開山会が営まれる

興味深いのは、日光山輪王寺に「鑑真将来」と伝わる、蓮の葉の形の舎利容器が残されていることだ。釈迦《しゃか》の骨に代わる貴石を納める容器である。

鑑真が開いた唐招提寺にも「鑑真が持ち込んだ舎利塔が中世になくなり、今は日光山にある」という趣旨の、江戸時代に書かれた史料があるという。

輪王寺の調査では、残念ながら直結する手がかりを得られなかった、という。しかし宝物殿館長の柴田立史《しばたりっし》さんは「如宝がいた唐招提寺と、鑑真和上の孫弟子に当たる勝道上人の輪王寺は今なお、不思議な縁でつながっているように感じるのです」と話す。

男体山

国家安泰 山頂から祈る

霊峰男体山の登山道を無心に踏み進むと、煩悩が浄化されるかのように感じる。その一歩一歩は、悟りに到達するための重要なプロセスなのかもしれない。

赤茶色の小石が堆積する急斜面を登り切れば、神霊が宿るという山頂だ。眼下に瑠璃色の中禅寺湖が広がり、富士山まで見通せる。

勝道は1230年ほど前、現在の世界遺産地区から女峰山系を経由し、中禅寺湖の反対側から男体山に向かったとみられる。山頂にたどり着き、この湖を発見した可能性が高い。

苦難の末に絶景を目の当たりにした勝道の感慨は、いかばかりだったろう。空海の記した勝道碑文には、その様子が情感たっぷりに描かれている。

「山頂から見渡すと、恍惚《こうこつ》として夢か現《うつつ》かもわからない」「中国のどんな高山も、この偉容には及ぶまい」

男体山山頂遺跡付近から、中禅寺湖を望む。勝道はどんな思いでこの眺望を見たのだろうか

ぼうぜんとたたずんだ勝道はその後、山頂西南の岩陰に小さな庵《いおり》を結ぶ。礼拝供養を行い、「念願が達成された」として下山したのは、21日後だった。これが開山の起源という。

勝道は、どうして男体山を目指したのだろう。

「山頂で悟りを開く」。そんな宗教的情熱が原動力となったに違いない。だが個人的な動機だけなら、歴史に名を残せただろうか。

栃木県考古学会会長を務める橋本澄《はしもとすみ》朗《お》さんは「ポイントは空白の14年間」と謎めいた示唆をする。勝道が初めて挑んだのは767年。再挑戦したのは14

年後の781年だった。

くしくもこの時期、東北地方で蝦夷《えみし》による大規模反乱が発生し、政府軍が大敗。天皇中心の国家は「存続の危機」に直面していた。

勝道の再挑戦ついて、橋本さんは「蝦夷の反乱の終結を念願するという、国家的使命感を帯びていたのではないか」と推測する。

仏法によって国家の安泰を図る「鎮護国家」政策が盛んに行われた時代だ。まして、男体山は東北と国境を接する最前線。勝道が国の官吏から、蝦夷問題に対する「戦勝祈願」を依頼されていても不思議はない。

男体山の山頂遺跡からは、中国の青銅鏡が出土している。「奈良時代を代表する宝品の一つ」とされ、一介の地方僧が所持できる品ではない。伝来は、勝道の時代と符合するという。

この青銅鏡の存在をどう解釈するか。勝道と国家のつながりを示す証拠なのか。今となっては想像するほかないが、「大きな歴史のうねりを感じるね」と橋本さんは目を細めた。

中禅寺湖

神秘性「浄土」と重なる

中禅寺湖は四季折々、朝な夕なに多彩な表情をみせる。湖面に薄霧が立ち込めると、神秘性が際立つ。

そんな湖に浮かぶ唯一の島。それが上野島《こうづけじま》だ。南岸から60メートル沖にあり、周囲はたった70メートル。中央には、日光開祖・勝道の骨の一部を納めたとされる供養塔がある。勝道が桓武《かんむ》天皇から上野国《こうづけのくに》の講師《こうじ》に任命されたことが、名前の由来という。

あらためて湖畔を見渡すと、勝道の足跡が今も色濃く残っていると分かる。勝道にとって、この湖はどのような存在だったのか。

空海の記した勝道碑文によると、勝道は男体山の初登頂から2年後の784年3月下旬、再登頂を果たす。5日後には山を下り、2、3人の弟子とともに小舟で中禅寺湖を遊覧した。

その後、湖畔に「神宮寺」を建立し、修行をする。これが、輪王寺の別院・中禅寺と日光二荒山神社中宮祠《ちゅうぐうし》のルーツという。

勝道の心境について、慶応大非常勤講師の小林崇仁さんは「聖地を探していた勝道は、男体山などの山と湖が織りなす情景に接し、浄土そのものと感得したのだろう」と受け止める。

弟子の作とされる「修行日記」には、こんなエピソードが描かれている。

中禅寺湖の西にある西ノ湖にいると、湖から出現した金色の千手観音と出会った。感激した勝道はその姿を根の張った立ち木に彫ったという。それが中禅寺の「立木観音立像」（国重要文化財）。同寺僧侶の人見《ひとみ》良典《りょうてん》さんは「ひと彫りごとに3度礼拝したとの言い伝えがある」と明かす。

勝道の作とされる日光山最古の仏像「立木観音立像」。中禅寺の本堂に安置されている

勝道碑文には、その後の活躍も描かれている。名声

男体山への登拝門がある日光二荒山神社中宮祠

が朝廷にまで達し、上野国講師を務めた。下野国都賀郡に「華厳寺」を建立し、万人の救済のために尽力したとみられる。

干ばつが起こった８０７年には、国の役人からの要請を受け、またしても男体山を目指す。年齢は60代以上だったろう。山頂で祈雨の祈祷を行った結果、「恵みの雨が降り、作物は豊かに実ることができた」。

勝道の一生について、小林さんは「山林修行をした僧は当時たくさんいた。勝道は山で悟りを開いただけではなく、下山後、生きとし生けるものの平安無事を願った。まさに僧侶の理想像といえる」と高評価する。

修行日記によると、勝道は８１７年、83歳で生涯を閉じたという。

空海は勝道碑文の結びに当たり、勝道への思いをつづっている。「例え後の世になっても、お互い忘れることなく友情を温めあっていたい」

山の民

勝道以前に山の神信仰

「勝道上人よりも先に、男体山の登頂に成功した人がいたのかもしれない」

日光二荒山神社の元神職飯田真《いいだまこと》さんは、勝道の入山から始まる「日光の起源」に疑問を投げかける一人だ。

男体山中腹の崩壊地では、縄文・弥生時代の石の矢尻が発見されている。逆ハート形で、一辺の長さは1センチ余り。奥日光周辺は、有史以前から狩猟場だった可能性が高い。

男体山山頂遺跡の発掘調査（1959年）に携わったほか、狩猟民の伝承を本にまとめた飯田さん。「宗教的な意味での開山者が勝道であることに異論はない。だがその前から、男体山などの山を神とあがめる狩猟民たちが一帯を支配していたはずだ」と力説する。

日光市史によると、旧日光市内で確認された縄文・弥生期の遺跡は、16カ所程度ある。縄文人たちがこの土地で暮らし始めたのは、7、8千年前という。

稲作も一部に伝わったというが、厳しい自然環境の日光では狩猟に頼る生活が長く続いた。生きる糧を与えてくれる山に対し、畏敬の念を抱いたことだろう。

日光に伝わる伝説の中に、「戦場ケ原神戦譚《しんせんたん》」と呼ばれる物語がある。

日光二荒山神社中宮祠で毎年１月４日に行われる厄払い行事「武射祭」。小野猿丸の伝説に基づき、神職らは赤城山の方面に向かって矢を放つ

男体山と赤城山（群馬県）の神が、中禅寺湖の領有権をめぐり対立。それぞれ大蛇と大ムカデに姿を変え、雌雄を決する。男体の

大蛇は奥州の弓の名手である小野猿丸《おののさるまる》の助けを借り、勝利を収めた。猿丸は功績が認められ、山の神に仕える神職になる。戦場ケ原の地名は、この戦いに由来するという。

伝説が生まれた背景について、地域史に詳しい中宮祠自治会長の小島喜美男《こじまきみお》さんは「男体山と赤城山を神とあがめる山の民による、勢力争いや水利権争いを反映しているのではないか」と推測する。

そのような土着の民間信仰を持つ山の民の世界に、仏教僧の勝道が突如として現れた。両者間で争いが起きても不思議はないが、その形跡は残っていない。

日光山輪王寺の出身で、京都の門跡寺院「妙法院」門主の菅原信海さんは「勝道の男体山登頂の陰には、先住民たちの協力や支援があったはずだ」と推理する。食料確保や登山ルートの選定など、この地を知り尽くした山の民の存在が、登頂成功の鍵を握っていた可能性はある。

日光の仏教は勝道以降、山の神信仰などと混交しながら、「神と仏の聖地」として発展していく。

真言宗と天台宗

空海、円仁の来山伝説も

中世の日光山内は、中心が稲荷川の西沿いにあったという。大谷川との合流地点に勝道が建立した四本龍寺と本宮社があり、さらに稲荷川沿いの古道を北上すると、小高い杉林の中に朱塗りの楼門や拝殿、本殿が見える。真言宗の弘法大師空海が開いたと伝わる二荒山神社の別宮 滝《たきの》尾《お》神社だ。

勝道の高弟が書いたという滝尾草創日記に「滝尾は空海の建立なり。820年に空海が当山に下着した」とあり、これが空海来山伝説として広まった。しかし東京大名誉教授の益田《ますだ》宗《たかし》さん（故人）は日光市史の中で「日記は鎌倉時代以降に作られた偽作だろう」とこれを否定している。

ならば伝説はどう生まれたのか。

栃木県立博物館名誉学芸員の千田孝明さんは「中世の日光は、真言宗系の僧侶がこの滝尾

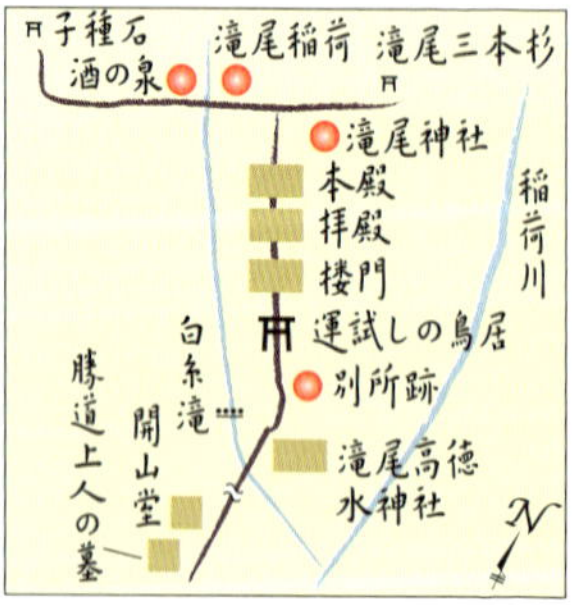

社周辺を拠点にした節があり、彼らが空海の来山伝説をつくったのではないか」とみている。日光と真言宗を結びつけている根本は空海作の勝道碑文だ。加えて中世の日光は、真言系の僧たちが、空海の来山伝説を広めて勢力拡大を図ろうとしたようなのだ。

中世に真言系僧侶が拠点にしたとされる滝尾神社。４月の弥生祭では御輿が渡御する

これとは別に、日光には天台高僧の来山伝説もあった。下野国出身で、天台中興の祖といわれた慈覚大師円仁が848年、日光を

訪れて「常行堂などを建立した」と、「円仁和尚入当山記」にある。

実はこの来山も疑わしい。

天台宗門跡寺院の妙法院門主で早稲田大名誉教授の菅原信海さんは「円仁は当時、唐の旅を終えたばかりで、とても日光に来る余裕はなかった。円仁系の天台衆徒が、日光山を支配するため作った伝承ではないか」と推測している。

円仁は唐から戻るとすぐに、天台宗の拠点の比叡山に修行のための常行堂を建立した。日光山にもこの堂が造られたが、時期はずっと後だったようだ。

平安末期、日光山の別当（最高位の僧）には、山内の学問を盛んにした聖宣《しょうせん》が就いていた。この時代に比叡山から常行堂で使う修行用の袈裟《けさ》が、14領も贈られてきたという。

千田さんは「常行堂が日光にできたことを受けての贈り物とも考えられる。実際に常行堂ができたのは円仁来山伝説より300年も後の聖宣の時代ではないか」と指摘している。

日光山では、天台宗のシンボルといえる常行堂ができたのをきっかけに、組織力のある天台系に集約されていった。千田さんは「ローカルだった日光はこれを契機に、関東の霊山として認識されていくのです」と語る。

源氏の保護

人材網意識し頼朝介入

鎌倉市雪ノ下の大御堂《おおみどう》ヶ谷《やつ》と呼ばれる住宅地の一角に、勝長寿院という名の大寺の跡がある。ひっそりと石碑だけが立ち、そこに「鎌倉幕府を開いた源頼朝が、父義朝の菩提を弔った」と彫られてある。

勝長寿院はかつて、鶴岡八幡宮などとともに鎌倉の三大寺社といわれ、日光と関わりの深い寺院だった。

栃木県立博物館名誉学芸員の千田孝明さんは「中世の日光山の統括寺務をとっていたのは光明院という寺院の別当でしたが、勝長寿院トップの別当がこの光明院の別当も兼ねるほど、日光と結びつきが強かったのです」と解説する。

強まった直接のきっかけは、平安時代末にあった日光山の別当争いだという。

１１７６年、日光山を発展させた16代別当聖宣《しょうせん》が没すると翌年、弟子の降宣《りゅうせん》と禅雲《ぜんうん》との間で、後継をめぐる紛争が起こった。

輪王寺史によると、降宣は常陸に勢力を持つ大方政家《おおかたまさいえ》の子で、親族に小山《おやま》氏がいる。これに対し禅雲は那須《なす》氏の出身で、それぞれの勢力が兵を日光山に送り込み、戦闘に及んだ。日光山は戦場と化し、多くの堂宇が焼け落ちてしまったという。

劣勢となった降宣は離山し、禅雲が日光山別当としてとどまったとされる。

中世の日光山を統括した光明院は、今の光明院稲荷の周辺に広くあったという

これを機会にと介入してきたのが頼朝だ。自らの従兄の観纏《かんてん》を日光山に送り込んできたのだ。

しかし観纏は日光山に入って衆徒と初対面の折に、御簾《みす》を半分しか上げず、これを「傲慢《ごうまん》な態度」と日光山衆徒が反発したため、観纏はわずか1、2カ月で離山してしまったという。

この逸話について千田さんは「始めは頼朝でもうまくいかないほど日光山には力があった。だからこそ、もっと関与しようと思わせた出来事だったのだろう」と話す。

頼朝の父義朝はこれ以前に下野守を重ねて任じられ、頼朝自身もこの後、日光山常行堂に下野国寒河郡（小山市）の領地を寄進するなどしている。

源氏がそこまで、日光山に配慮し続けた理由は何だったのだろう。

鎌倉国宝館学芸員の阿部能久《あべよしひさ》さんは「日光に確立されていた人材ネット」を挙げる。日光山には鎌倉政権が取り込みたい比叡山などとの人的交流がすでにあり、京都とのつながりも得られていたという。

阿部さんは「京都の政権が比叡山を意識したように、関東の武家政権にとって、日光山は精神面でも畏敬の念というか、意識しなければならない存在だったのです」と話す。

修験道

霊山繁栄の一翼担う

「75杯、一粒残さず平らげろ」

山盛りのご飯が盛られたおわんを前に、腕組みした山伏が鬼の形相で大声をあげる。責め立てられた「頂戴人《ちょうだいにん》」たちは畳にひれ伏し、「許してください」とばかりにいっそう縮こまる。日光山輪王寺に伝わる儀式「強飯式《ごうはんしき》」の見せ場だ。

かつて日光山繁栄の一翼を担った修験道《しゅげんどう》の流れをくむ。修行僧が山岳の修行場にささげた供物を持ち帰り、村人に分け与えたことが始まりという。「日光責め」とも呼ばれ、江戸期は将軍家や大名の代理も頂戴人に名を連ねた。

修験道は、日本古来の山岳信仰に仏教や神道などを取り込んだ混交宗教。山岳で厳しい修行を行い、超自然的能力を習得することなどを目的とする。その実践者は、修験者（山伏）と称される。

男体山を開山し、中禅寺湖畔で修行に徹した勝道こそ、日光における修験道の起源といえるだろう。

日光山輪王寺で毎年４月２日に執行される「強飯式」。参列者らは家運長久などの御利益を得られるという

ただし、関東修験の中心的霊山にまで発展するのは鎌倉期以降。鎌倉三代将軍の加持祈祷を担った僧で、日光山第24代別当（最高位の僧）を務めた弁覚《べんかく》の功績が大きい。当時最先端だった熊野修験（和

歌山県）の修法を導入したことが転機となり、「日光修験」の形態が確立されていく。

その後、入峰《にゅうぶ》と呼ばれる季節ごとの修行ルートも成立する。日光連山を一巡する夏峰は特に厳しく、死者が相次いだという。

日光修験に詳しい日光市の興雲律院住職中川光熹《なかがわこうき》さんは「命懸けだったが、修行をすることで霊力が付き、庶民の信仰を集めた」と解説する。

繁栄の事実は、国内を代表する山頂遺跡「男体山山頂遺跡」からも裏付けられる。1万点にも及ぶ出土品の中に、修験者の埋めた法具や仏具が多数含まれていた。山頂は重要な修行場だったのだろう。

輪王寺教化部長の鈴木常元さんは「修験道が、独自の発展を遂げた日光山の信仰に与えた影響は大きい」という。最盛期の室町期、修験者や僧侶らの僧坊は「500坊にも余りぬらん」と語られた。

しかし、終わりは突然訪れる。戦国時代、日光山は小田原（神奈川県）の北条氏に加担し、豊臣秀吉に敵対。北条の降伏後、寺社領はほとんど没収され、修験者や僧侶らは離散した。

存続の危機を脱出できたのは、徳川家康を祀る日光東照宮の鎮座に他ならない。

輪王寺の三仏修理

制作年代の解明に期待

日光の起源に迫れば迫るほど、謎は深まっていく。雲をつかむような話の数々は、その歴史の深遠さを示しているかのようだ。

勝道を開祖とする日光山輪王寺の本尊・三仏はいつ、誰によって作られたのだろう。三仏は千手観音、阿弥陀如来《あみだにょらい》、馬頭観音で、木造の台座仏像としては東日本最大級の大きさ。来歴不明のため、文化財の指定を受けていない。60件以上の国宝、国重要文化財を抱える輪王寺としては、何とも寂しい。

その三仏は、本堂（三仏堂）の大規模改修に合わせて、半世紀ぶりの修理が行われている。担当する公益財団法人美術院（京都）の修理責任者丸山正明《まるやままさあき》さんは「修理の過程で、制作年代も調べたい」と意欲的だ。

40年近くも仏像修理に携わる丸山さん。三仏からは、建造時の寺の繁栄ぶりがよく分かる

京都の工房で進められてきた修理が完了し、輪王寺の三仏堂に戻ってきた千手観音（高さ約7メートル）

という。「大きな材料を使っており、相当な財力があったのだろう」と推測する。

円仁和尚入当山記によると、本堂の起源は、平安初期の高僧・円仁だという。848年、寺に三仏の像を祀ったとされる。ただし、円仁の来山伝説を「史実ではない」とみる専門家も多く、この説を支持するのはためらいがある。

信頼性が高いのは、鎌倉前期に別当を務めた弁覚《べんかく》の時代だ。一大聖地の熊野（和歌山県）で修行した弁覚は、日光に熊野三山の思想を導入する。男体山、女峰山の「夫婦」に「息子」の太郎山を加えて三山（ご神体）とし、それぞれに

日光の三仏と三神の関係

ご神体	本尊	祭神	三所
男体山	千手観音	大己貴命《おおなむちのみこと》	新宮
女峰山	阿弥陀如来	田心姫命《たごりひめのみこと》	滝尾《たきのお》
太郎山	馬頭観音	味耜高彦根命《あぢすきたかひこねのみこと》	本宮

神と仏が宿るという三神三仏の信仰形態を確立させたという。

輪王寺史には、弁覚のころに「金堂（三仏堂）を造営し、有力御家人ら3人が三仏の像を造立した」との記載がある。教化部長の鈴木常元さんは「弁覚が三仏信仰を明確化し、三仏堂を造ったと考えると、つじつまが合う」と認める。

ただし、この時の三仏が、今に伝わると考えるのは早計だ。三仏堂はその後、大雪で倒壊し、徳川三代将軍家光が再建した。従来の仏像を継承したのか、それとも破損して新造したのか。記録は残っていない。

鈴木さんは「家光時代の作との説が有力だったが、技法や材料を考慮すると、室町期にまでさかのぼっても不思議はない」とみる。

今回の修理で、謎解きは進むだろうか。輪王寺の歴史を解明する新たな手掛かりが得られるかもしれない。

二つの二荒山神社

140年間続く「大社論争」

栃木県には二つの二荒山神社がある。

男体山がご神体の日光二荒山《ふたらさん》神社と、10代崇神《すじん》天皇の皇子豊城入彦命《とよきいりひこのみこと》をご祭神とする宇都宮二荒山《ふたあらやま》神社。

それぞれが明治維新以来、下野国に1社しかない「延喜式《えんぎしき》内の名神《みょうじん》大社」「最も有力とみられた一宮《いちのみや》」だとアピールし続けている。

「迷路に導いたのは、延喜式の神名帳《じんみょうちょう》なのです」。国学院大栃木短大元講師の細矢藤策《ほそやとうさく》さんは、厳しい表情でこう語る。

延喜式は10世紀にできた法令で、この中の神名帳に朝廷が認めた神社の格式が定められている。県神社庁によると、こうした神社は県内で11あり、中でも名神大社は一つしかない。

霊峰男体山がご神体の日光二荒山神社。入り口の石柱に「下野国一之宮」とある

街なかにある宇都宮二荒山神社。鳥居前の石柱には「式内大社」と記されている

その神名帳に、下野国は「河内郡一座大　二荒山神社名神大」とだけある。これが宇都宮なのか、日光を指すのか。細矢さんの指摘通り混乱のもととなった。

１８７３年、明治の新制度で当初、格式の高い国認定の「国幣中社《こくへいちゅうしゃ》」とされた宇都宮二荒山神社が、いきなり「県社」に降格となった。この時、日光二荒山神社は「国幣中社」と認められたため、宇都宮は大騒ぎに。

宇都宮藩の元家老で、宇都宮の氏子総代だった縣信緝《あがたのぶつぐ》は「県の役人から『延喜式の神名帳にないので』と告げられたが、一同、ただ驚き嘆息するばかり」と書き残し、数年後に亡くなっている。

宇都宮側は懸命の社格回復運動を続け、

１８８３年に日光と同じ国認定の国幣中社となるが「名神大」をめぐる論争は以降も続いた。戦後になっても元宇都宮高校長の雨宮義人《あめみやよしと》さん（故人）は「日光が河内郡だと証拠づけられない限り、『式内社』は（河内郡の）宇都宮と見るのが妥当」などと主張した。

日光側も黙っていない。岩手県の中尊寺で貫首を務めた日光出身の千田孝信さん（故人）は「延喜式で『二荒山神社』になっているのは、二荒山神社が『（宇都宮の）祖先崇拝』ではなく『（日光の）山岳信仰』であることを暗示している」と著書に記している。

主張はもっとある。日光側が「そもそも『二荒《ふたら》』の音読みから『日光』となっており、宇都宮二荒山神社は日光の里宮だった」と指摘するのに対し、宇都宮側は「二荒山神社はそれぞれ独立していて、こちらは１６００年前の創祀《そうし》。日光よりも歴史がある。国司が最初に訪れた『一宮』がなまって宇都宮になったといわれている」と譲らない。

論争が始まってから、既に１４０年余り。細矢さんは「両神社とも古代から多くの人に崇敬されており、廃止となった制度の結論を出すことに、意味はないのかもしれない」と話す。

第5部 新時代の風

戊辰戦争の山内《さんない》

旧幕府軍退き戦火回避

「神廟《しんびょう》は兵火を逃れ、朝の光に美しく輝いている」

日光山輪王寺の門主小暮道樹《こぐれどうじゅ》さんの自宅桜本院には、戊辰戦争で旧幕府軍のリーダーだった大鳥圭介《おおとりけいすけ》の、こんな趣旨の流麗な漢詩書が残されている。

「今市まで見渡せる桜本院にとどまり、戦いの四半世紀後に来て、当時を思い起こし書いていったのです」と小暮さんは解説する。

1868（慶応4）年4月25日、歩兵奉行だった大鳥は「徳川の無罪を訴える」と主張し、2千人もの旧幕府軍とともに聖地日光に立てこもった。

下野新聞の元主筆村上喜彦《むらかみよしひこ》さん（故人）は著書の「野州外史」で「日光は江戸脱走の時から目標とした徳川の聖地であり、神橋に枯れ草を積んで新政府軍の攻撃に備えた」と記している。山内《さんない》はまさに火の海になる寸前だった。

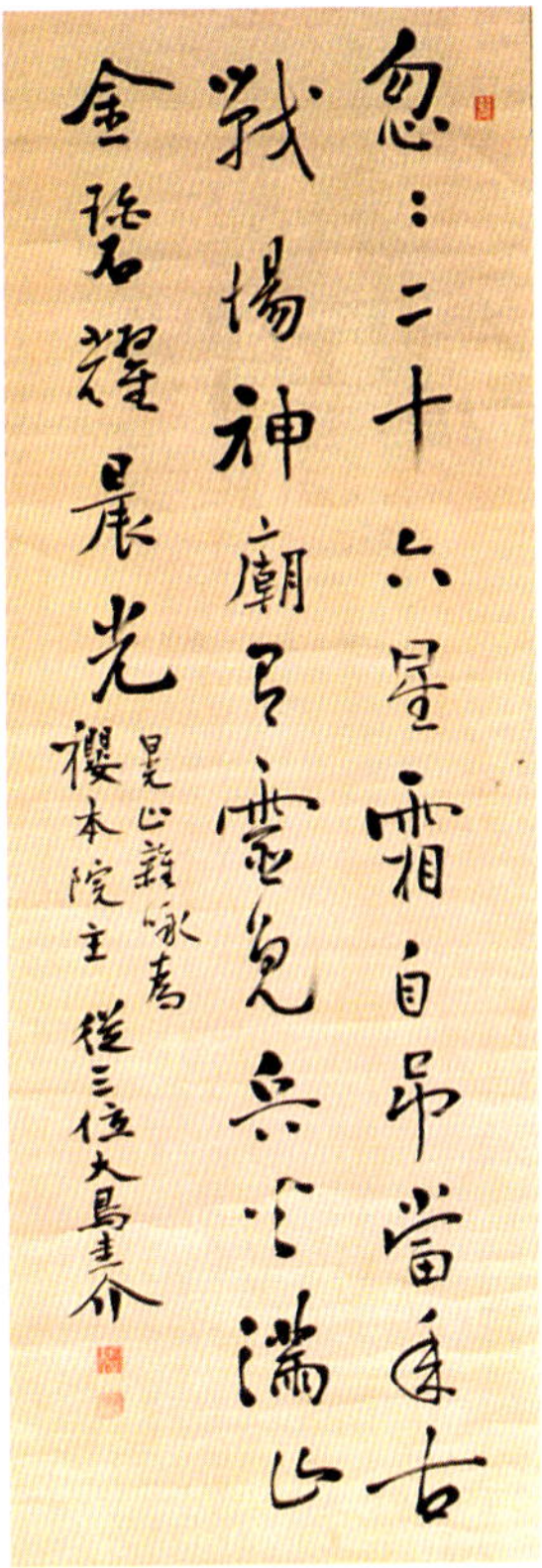

日光を再訪した大鳥圭介が桜本院に残した漢詩の書

明治維新の日光

1867（慶応3）年
12月 9日●王政復古の大号令
1868（慶応4）年
3月28日●神仏分離の令
4月25日●旧幕府軍が日光占拠
4月26日●東照宮ご神体が動座
4月29日●新政府軍と旧幕府軍が小競り合い。旧幕府軍、日光を脱出
5月15日●江戸の彰義隊敗走。輪王寺宮潜行
（明治元年）
10月29日●東照宮ご神体が日光に
1870（明治3）年
12月●日光県が2社1寺を分離上申
1871（明治4）年
1月●東照宮、二荒山神社、満願寺（後の輪王寺）に分離
1876（明治9）年
6月●明治天皇、御巡幸で日光に
1879（明治12）年
11月●保晃会設立
1899（明治32）年
6月●田母沢御用邸開設

注：慶応4年に明治と改元

この危機を回避したのが土佐藩隊の板垣退助《いたがきたいすけ》とされる。

昭和初期、その功をたたえようと、神橋の東南に銅像が立った。解説板には「新政府軍の将として、日光廟に立てこもった旧幕府軍を説得し、社寺を兵火から守った」とある。

しかし栃木県歴史文化研究会元常任委員長の大嶽浩良《おおたけひろよし》さんは「事はそれほど単純ではなかった」と語る。

板垣は旧幕府軍がこもる日光をどうしようとしていたか。日光の歴史研究者柴田宜久《しばたよしひさ》さんは板垣が翌26日、新政府軍参謀に宛てた文書の存在を指摘している。

それによると板垣は「朝廷は東照宮についてはそのままにしておくように、との意向でした。その宗廟を兵乱にかけるのは恐れ多いのですが、賊徒がいる場合は、戦わないわけにはいきません。お聞き取りください」と、焼き打ちも辞さない姿勢を明確にしていた。

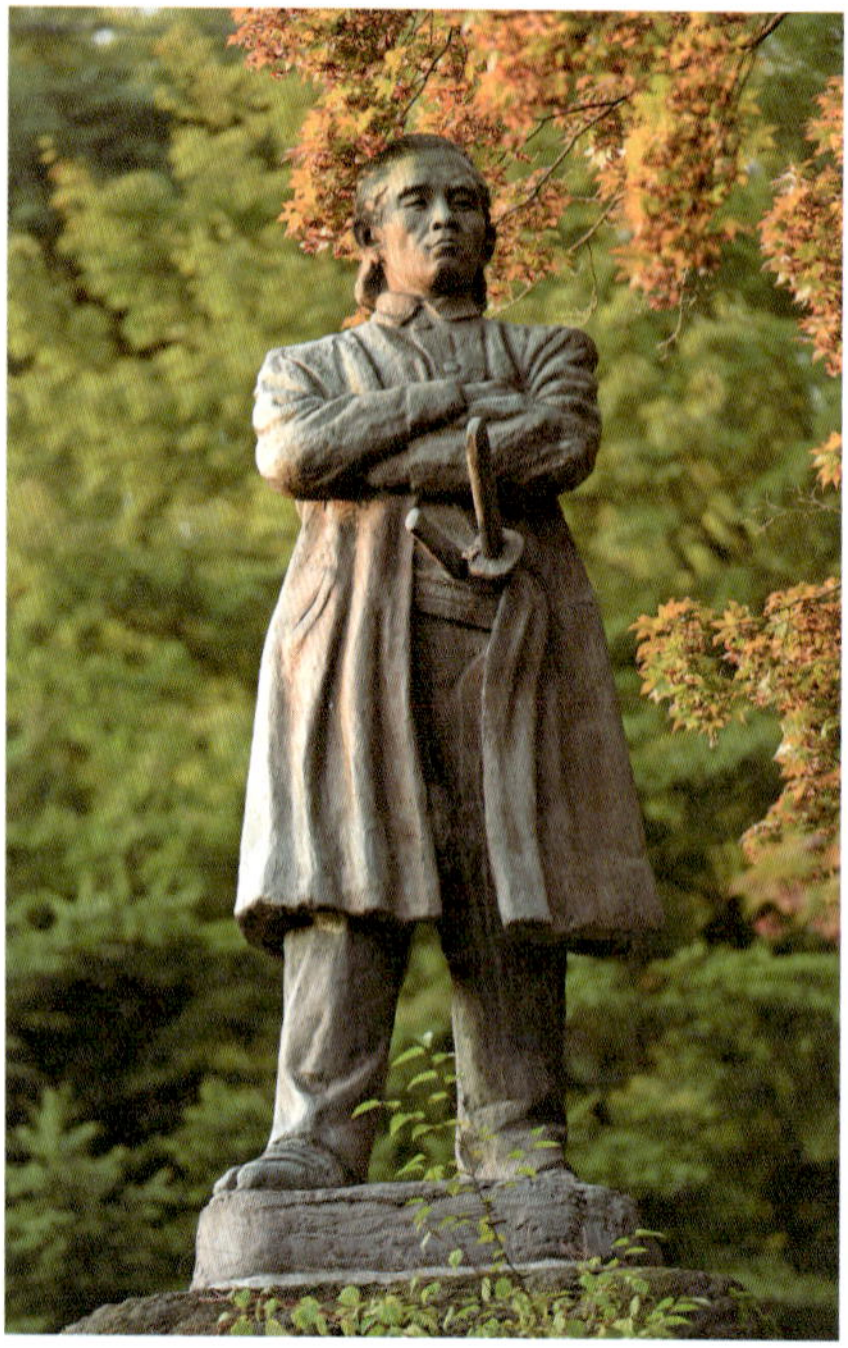

日光の神橋東南に立つ軍装の板垣退助銅像。現在の像は戦後の２代目

新政府軍の土佐藩隊がこの3日後、今市に到着。まさに一触即発という場面で、日光山の2人の僧が土佐藩隊の下に駆けつけ、日光への進撃中止を嘆願した。こ

れに対し、土佐藩隊軍監の谷干城《たにたてき》は「主君山内《やまうち》の祖は家康に恩義があり、神廟に放火するのは本意ではない。山を下りて戦うか、退却するか、大鳥に伝えよ」と通告している。

ただこの場面で旧幕府軍は、負傷兵を残して会津への退却を始めていた。2僧の調停や旧幕府重鎮の勝海舟、老中の説得なども、大鳥を動かす動機になっていたかもしれない。

しかし柴田さんは「何よりも決定的だったのは、旧幕府軍の銃弾不足と兵糧の欠乏だった」と指摘する。

大鳥は軍内にあった「神廟で死ぬのは本望」という名分論を退けた。大嶽さんは「彼は学者であり、現実主義者だったので、日光は助かったのです」と語る。

綱渡りのような危うさの中で、日光はかろうじて戦火を回避できた。

◇　◇　◇

明治維新の日光は、戊辰戦争と徳川幕府の廃絶に伴う東照宮の存否、そして神仏分離という3度の危機にさらされた。

それを和らげたのが外国人旅行者たちで、二荒山神社、東照宮、輪王寺と分かれた日光に新たな風を吹き込み、刺激した。第5部では、明治維新以降の日光の姿を描きたい。

神体動座

生き残りを懸け逃避行

大粒の雨が降りしきる中、20人ほどの男たちが日光東照宮から長櫃《ながびつ》を運び出した。1868（慶応4）年4月26日早朝のことだ。旧幕府勢力と新政府軍による戦火が、間近に迫っていた。

ひそかに境内を出た一行は、近くを流れる稲荷川のほとりまで急ぐ。そこで会津藩兵100人と合流。護衛されながら、北方へ脱出を図った。

長櫃に入っていたものは何か。

徳川家康の神霊が宿る「ご神体」や宝刀など、最も神聖な宝物の数々。文豪・森鴎外《もりおうがい》の著述や東照宮の秘記には、そのように記載されている。

ご神体が日光から動座するのは、東照宮始まって以来の〝大事件〟だ。こうした事態に追い込まれた理由について明治維新期の日光に詳しい柴田宜久さんは「戦禍が東照宮にまで及

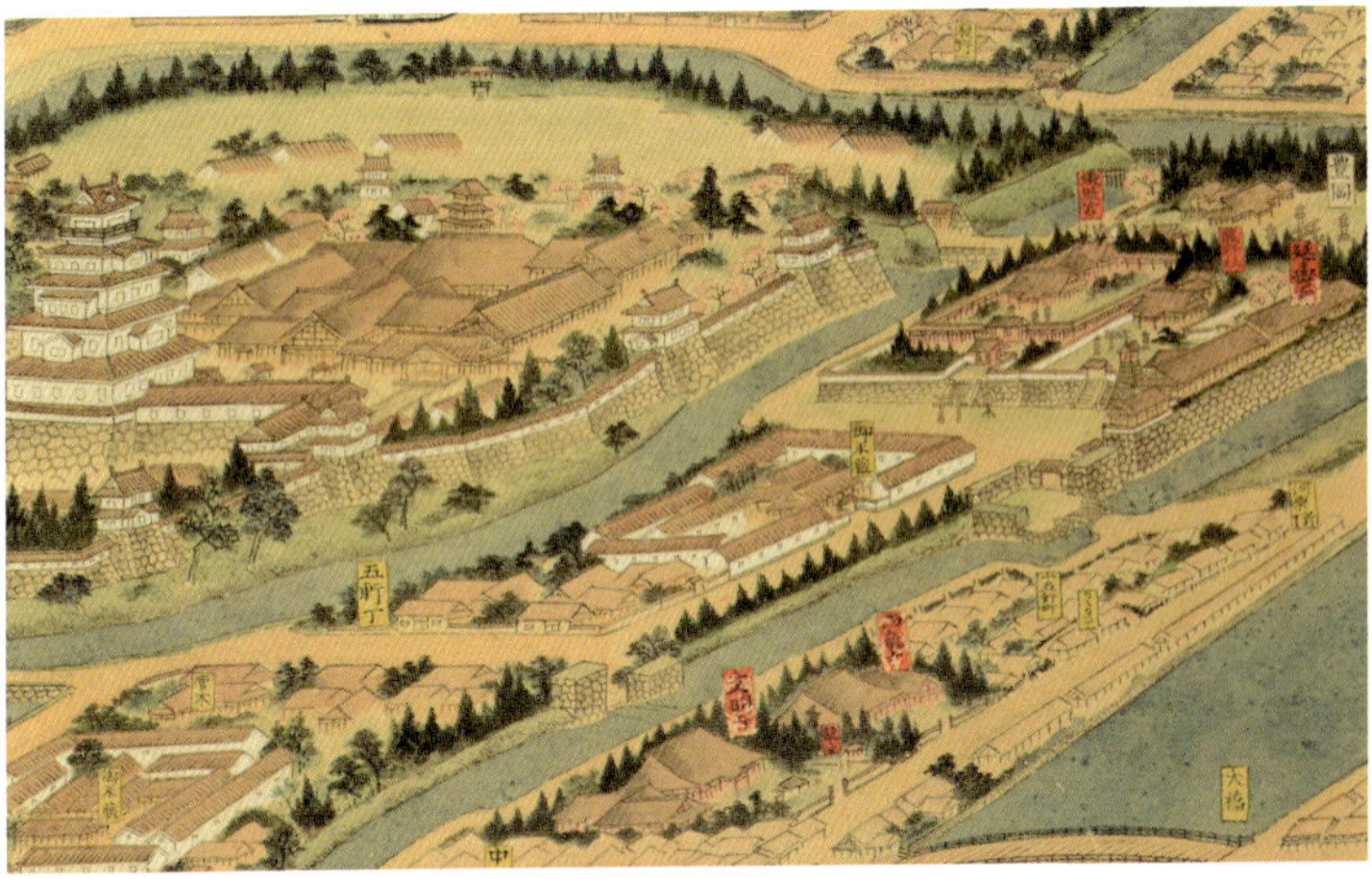

幕末期の会津東照宮（右端）などを描いた「若松城下絵図屏風」（福島県立博物館所蔵）。同宮にご神体が安置された

ぶと考え、一時的に避難するつもりだった」と解説する。

一行は標高差800メートルの険路である六方沢を経て、旧栗山村へ。会津西街道を北上し、閏《うるう》月4月5日（旧暦では約3年に1度閏月を設け、1年を13カ月とした）、会津藩城内の会津東照宮にご神体を安置した。17日には藩主の松平容保《まつだいらかたもり》が拝礼をしている。

苦難はその後も続く。新政府軍が会津城下に攻め込んだ8月23日、一行は辛くも城を脱出。日光への帰還を目指すが、新政府軍に道をふさがれ、さらに北上する。逃れ逃れて9月14日には山形の山寺に潜行した。

当時、東北と北陸の諸藩は反政府同盟を結び、戦闘を繰り広げていた。同盟の盟主は、明治天皇の叔父で日光門主の輪王寺宮が務めた。だが各藩は新政府軍に次々と敗北。仙台藩に滞在する宮もついに帰順し、東北の戊辰戦争は終わった。

宮にとって気掛かりだったのが、ご神体の安否だった。「日光へ帰したい」と新政府側に誓願。いったん山形から仙台に移させた。

10月12日、宮とご神体の一行は仙台を出立し、28日には下野国大田原に到着する。京都で閉居する宮とはそこで別れ、翌29日に日光へ帰着した。

7カ月に及ぶ逃避行。灰じんに帰しても不思議はなかった。付き従った者たちの感慨は、いかばかりだったろう。

栃木県歴史文化研究会元常任委員長の大嶽浩良さんは力説する。「（彼らは）大義を守ろうとした。仮に東照宮の社殿が丸焦げになっても、ご神体を守れば、日光は生き残ると考えたんだ」

東照宮の処遇

「皇室ゆかり」で存続に

明治の新体制樹立では、徳川家康の神霊を祀る東照宮の扱いが焦点の一つになった。

新政府は「神武創業の古《いにしえ》に復す」という「王政復古」宣言を受けて、「神道の国教化」を掲げた。

日光の歴史研究者柴田宜久《しばたよしひさ》さんは「旧敵である徳川の祖廟を存続させるか、それとも江戸時代の豊臣秀吉の豊国廟のように廃止してしまうか、結論は簡単に出せなかったのです」と語る。

幕末に重要な役割を果たし、新政府でも海軍卿《きょう》に就いた勝海舟が、回想録「海舟座談」で興味深いエピソードを残している。

新政府重鎮の大久保利通《おおくぼとしみち》らが勝に「家康の廟を日光（東照宮）か（静岡の）久能（山東照宮）か一つに決めてくれ」と迫ると、勝は「朝廷でどちらでも勝手に一つおつぶしなさい。ただ

1876（明治９）年の明治天皇「御巡覧図」（東照宮所蔵）。軍服姿の一行が日光東照宮陽明門に向かう様子を描いている

一言申しておきますが、みっともよい話ではありますまい」と切り返した。その結果、大久保の話は「オジャンになった」としている。

しかし幕府の廃絶で、日光山は経済的な基盤を失ってしまう。明治新政府の史料によると、新政府は1868（慶応4）年夏、佐賀藩出身の鍋島《なべしま》道《みち》太郎《たろう》を日光今市御蔵掛に任命。鍋島は日光神領などの2万石余を没収し、支配下に置いた。

20カ院80坊の日光山は空坊が増え、この時点で坊は20まで減少したとされる。このため鍋島は新政府に「僧坊の維持管理ができなくなっており、ふびんであるから扶助してはいかがか」と伺い書を出している。

これに対して新政府は「徳川家に静岡藩70万石が与えられており、そこから支給を受けるのが筋合いだが、1869（明治2）年2月まで扶助米を与えるので、僧侶たちはそれまでに身の振り方を決めよ」と回答した。

期限の1869年2月、日光県知事となった鍋島は、新政府に祭典施設の保存と社人、僧侶の救済を急ぐよう要請。新政府はこれを受け11月、日光廟の扱いを議論し「東照宮は仏具などを取り除いて神仏混淆《こんこう》の状態をなくした上で、神社として存続させる」方針を決めた。

東照宮特別顧問の青山隆生《あおやまたかお》さんは「天皇直筆の額があり、勅使を遣わした皇室ゆかりの神社だと鍋島知事が資料を添えて訴え、外国人をも驚かす文化財を持っていたことが決め手になった」とみる。

新政府は東照宮を新たに設けた社格の一つ「別格官幣社《かんぺいしゃ》」とする一方、織田信長の建勲神社を新設し、豊臣秀吉の豊国神社を再興した。これを「威光の分散」とみる研究者もいる。

神仏分離

天皇巡幸で流れ変わる

日光市安川町の日光総合会館北側に、日光の堂社を守った功績が記された落合源七《おちあいげんしち》と巴《ともえ》快寛《かいかん》の顕彰碑が、ひっそりと立っている。

日光町民の2人は、明治初期の東北巡幸の途中だった明治天皇に「千年来、神仏の融合した歴史を持つ日光で、神仏分離を完全に実施すると堂社が破壊され美観が失われます」と日光での分離中止を訴えた。

足尾鉱毒事件の田中正造《たなかしょうぞう》より先に、命懸けの直訴をした人たちがいたのだ。

栃木県歴史文化研究会の元常任委員長大嶽浩良さんは「日光山内の神仏分離が不完全な形で終わっているのは、こうした民衆の決死の嘆願運動も影響しているのです」と話す。

新政府は1868（慶応4）年3月に神仏分離令を布告。「仏像を神体としている神社は今後、改めよ」などと通達し、神社と寺を明確に分けようとした。

これが仏像破壊などの、過激な廃仏毀釈《はいぶつきしゃく》運動につながった。東京帝大名誉教授の辻善之《つじぜんの》助《すけ》さん（故人）は、神仏分離史料で「比叡山の日吉山王社では神殿から神体の仏像、経巻などが運び出されて砕かれ、焼き捨てられた」と記した。多くの文化財が関西を中心に灰になった。

しかし日光での神仏分離は遅れていた。東照宮の存続が新政府内で決まり、日光県は1870（明治3）年12月、日光山の神仏分離方針を新政府に上申し、この中で初めて二荒山神社と東照宮、満願寺（後に現輪王寺）に分離させる考えを示した。

そして翌年から日光での神仏分離作業が始まり、1874年には二荒山神社域内の三仏堂解体、移転方

日光総合会館の北側にひっそりとある落合源七と巴快寛の顕彰碑

針が決まる。町民有志が堂塔据え置き運動を始めるのはこの時期である。

流れが変わるのは2年後の初夏、明治天皇が東北巡幸で日光に立ち寄ってからだ。随行した新政府重鎮の木戸孝允《きどたかよし》は、宿泊先の満願寺で、三仏堂が解体され野積みになっているのを目の当たりにし、京都府知事槇村正直《まきむらまさなお》らに「神仏分離令なるものは文化破壊の結果を伴うにすぎない愚挙だった」と書簡を送っている。

天皇が「旧観を失わざれ」と鍋島知事に手元の3千円を下賜したのはこの直後で、神仏分離政策はこれを契機に緩和されていった。

修正に向かった勢力の中心にいたのは木戸だろう。東照宮特別顧問の青山隆生さんは「破壊からこのように救った例は、他県では聞かない。後世に残そうと分離案を立てた当時の日光県知事の鍋島と、景観の保持を決定付けた木戸の功績だろう」と言い切る。

最後の輪王寺宮

政治に翻弄 波乱の生涯

日光中興の祖、天海大僧正が眠る日光山内の大黒山に、歴代の輪王寺宮の墓域があり、隣接して最後の輪王寺門跡、北白川宮能久親王《きたしらかわのみやよしひさ》（1847～95年）の牙髪塔《がはつとう》が立っている。

能久親王は幕末から明治維新にかけて皇族から僧侶、軍人と転身。48年の波乱の生涯を、北白川家の現当主道久《みちひさ》さんは「政治に翻弄《ほんろう》されたという気がしますが、天台の寺にいたという誇りを失わず、日光にも思い入れがありました」と振り返る。

北白川宮能久親王（日光山輪王寺提供）

親王は伏見宮《ふしみのみや》家に生まれ、幕末に13代目の輪王寺宮に。輪王寺門跡は日光山、東叡山寛永寺、さらに多くが比叡山の三山を治め、宗教界の最高位にあった。

その生涯を森鷗外、有馬頼義《ありまよりちか》、吉村昭《よしむらあきら》という3人の作

輪王寺の奉安殿に安置されている北白川宮能久親王の木製騎馬像

家が取り上げている。

鷗外の「能久親王事蹟《じせき》」では、若き親王が日光に出向いた際、孝明天皇崩御の報に接し、日光山内から男体山を拝して国家の安穏を祈っている。

しかし現実にそうはならなかった。大政奉還後、住んでいた上野寛永寺で彰義隊の戦いに巻き込まれ、逃れた東北で奥羽越列藩同盟の盟主に祭り上げられる。しかし敗退して一転、逆賊とされ京都で幽閉の身に。

発端をたどると、新政府軍大総督、有《あり》栖川宮熾仁《すがわのみやたるひと》親王との駿府（静岡）会談に行き当たる。

吉村の「彰義隊」によると、輪王寺宮は

鳥羽・伏見の戦いの後、天皇に徳川慶喜の助命などを嘆願しようと京に向かった。しかし駿府で有栖川宮に止められ、会談で新政府軍の東征中止を拒否され、江戸に追い返されてしまう。輪王寺宮はこれを機に、徳川の旧体制に殉じる盟主に祭り上げられ、新政府軍の標的となっていく。

ひ孫の有馬は著作で「新政府の実力者岩倉具視《いわくらともみ》が熾仁親王を通して輪王寺宮を標的にした狙いは『神道の復活』にあり、仏教界に君臨する宮は取り除きたい存在だった」と指摘した。京都で謹慎後、ドイツに留学し、その間に北白川宮を継承。後半生は陸軍軍人になり、日清戦争に近衛師団長として出征し、転進した台湾で病没した。

北白川家には、台湾戦線への派遣を願う親王の書面が残されており、吉村さんは著書で「宮が上野の戦いで朝敵になったことを、深い心の傷として意識しているのを知った」と記した。

側近の彫刻家が宮をしのんで作った騎馬像が輪王寺にあり、教化部長の鈴木常元さんは「東京北の丸公園に立つブロンズ像の原型なのです」と説明する。軍服姿の木像はやっと汚名を拭い去り、胸を張って疾走しているように見える。

保晃会

保護基金募り危機救う

新時代の幕開けに沸く明治初期、日光は荒廃の危機にあった。幕府の後ろ盾を失って経済的に困窮。定期的な修繕が棚上げとなり、社殿は朽ち始めていた。

1880年2月、会津藩の元藩主松平容保《まつだいらかたもり》が日光東照宮の宮司に就任する。日光の惨状を目の当たりにし、心を痛めたに違いない。

戊辰戦争で、明治新政府に徹底抗戦した容保。最後まで徳川将軍家に忠義を尽くしたが敗れ去り、謹慎処分を受けた。許された後は東京で隠とん生活を送る。表舞台に出ることは、固辞し続けていたという。

だが、政府から宮司就任を打診されると承諾する。「将軍家との絆が生きるよりどころだったのだろう。だからこそ、徳川の神廟《しんびょう》を守る宮司職を引き受けた」。福島県立博物館主任学芸員の阿部綾子《あべあやこ》さんは、容保の胸中を思いやる。

「このままでは日光の美が失われてしまう」。そんな声は、容保の宮司就任前から上がっていた。名望家と呼ばれた県内有力者たちで、そのまとめ役として奔走したのが初代県議会議長の安生《あんじょう》順《じゅん》四郎《しろう》だ。政府の重鎮・伊藤博文《いとうひろぶみ》が米国のグラント元大統領と日光を訪れた際、安生らは日光の景観維持を嘆願した。

伊藤から「政府に余力はない」と断られると、有志による保護の道を模索する。1879年に民間結社「保晃会《ほこうかい》」を結成。募金を集め、その利子で修繕費用を賄うことにした。目的は「日光の壮観および名勝を永世に保存する」。宮司の容保が会長に就任した。

日光東照宮の唐門前で記念撮影をする松平容保宮司（中央）ら（日光東照宮所蔵）

県民ばかりではなく、旧幕臣や有力者、在留外国人らにも募金を依頼。支援のネットワークはほぼ全国に広がった。象徴的な役割を担った容保も、奉賛を募る書を積極的に送っている。

日光東照宮近くの庭園内にたたずむ保晃会の石碑（高さ5.4メートル）。撰文は勝海舟が担当した

集まった総額は、十数万円。目標額の30万円には届かなかったが、この資金を使い、社殿の土台などを何度か修繕した。

一方、容保は病気で宮司を辞任したが、数年後に復帰。１８９３年に58歳で病没するまで宮司と会長を務めた。

国は１８９７年に法令を整備し、遅ればせながら文化財保護に乗り出す。日光に官営の修繕事務所を設立し、大規模修理を敢行する。一定の役割を終えた保晃会は、１９１６年に解散した。

元栃木県立博物館学芸員で県立学校教員の石川明範《いしかわあきのり》さんは「地方の有力者らが利害を越えて団結し、文化財保護に取り組んだのは全国で唯一だろう。日本の宝である日光の社殿を危機から救い、今日に伝えた歴史的意義は大きい」と解説する。

「将軍家を守りたい」という容保の願いは形を変え、日光で結実したのだ。

碧い目のガイド

避暑旅行 世界に発信

「その素晴らしさについて考えていると、日ごと感嘆の念が募ってくる」。日光東照宮を見学した女性旅行家イザベラ・バードは、旅行記にそう表現した。

「旧時代の遺物」として、日光が顧みられなかった明治初期。「いち早く日光の価値に気付いたのは、碧《あお》い目の外国人たちだった。日光再興の原動力となった」と、駒沢女子大教授の井戸桂子《いどけいこ》さんが解説する。

明治維新後初となる外国人の訪問は、1870（明治3）年5月のことだ。東照宮側は、英国公使パークス一行の参詣を丁寧に案内している。1872年には英国書記官のアーネスト・サトウが日光を詳細に調査し、横浜の英字新聞に旅行案内の記事を連載した。

この頃、外国人の行動範囲は制限され、その外に出るには政府の許可が必要だった。高温多湿な日本の夏を嫌った在留外国人からは、健康や保養を目的とした避暑旅行を求める声が

イザベラ・バードも宿泊した「金谷カッテージ・イン」跡。現在は「金谷ホテル歴史館」として一般に公開している

日増しに大きくなっていた。

政府は１８７４年、法令を制定し、日光や箱根といった指定地の旅行を許可する。避暑目的の外国人が増えることで、荒廃の危機にあった日光は息を吹き返した。

この動きに連動するかのように、サトウらは日光を含む日本の旅行ガイドを発行。欧米でも発売され、ベストセラーとなった。

サトウの業績について、日光近代史研究家の福田《ふくだ》和美《かずみ》さんは「日光を宗教の聖地から国際的な避暑地へ変貌させるための扉を開いてくれた。英国の利権拡大を目指した情報収集の一環で調査をしたのだろうが、サトウ自身も日光に魅了された」と分析する。

宿泊施設も次々に開業していく。その草分け的存在が、1873年の「金谷カッテージ・イン」（日光金谷ホテルの前身）だ。寺院宿坊や民家を別荘として借り受ける外国人も出てきた。

1890年8月、ついに宇都宮から日光までの鉄道が開通。東京から3日を要した旅路が1日に短縮され、10年前に160人ほどだった外国人が、1892年には1900人を超えた。この影響を受け、日本の富裕層にも避暑旅行が広まっていく。

世界の航海事情も変動した。ほぼ同時期、アジアとヨーロッパを結ぶ最短航路「スエズ運河」が開通する。世界一周旅行が現実となり、世界の旅行家が日光を目指すようになった。

だが、来訪者の急増は閑静な別荘地を「俗化」させた。福田さんは「外交官らは新たな理想郷を求め、奥日光の中禅寺湖畔へ移動する。下界の旧日光町は避暑地として成熟する直前、主役の座を奪われた」と指摘している。

避暑地外交

理想郷へ社交の場創出

木立に囲まれた中禅寺湖畔の片隅に、今も残存する石造りの暖炉跡。こけむしたその姿は物悲しく、往時の面影は感じられない。

かつてこの場所には、皇族や外国高官、財政界要人が集う国際社交クラブがあった。釣りやヨットレースに興じ、華麗な「避暑地外交」を繰り広げていた。

山あいのへき地だった中禅寺湖畔が、なぜこれほどの発展を遂げたのか。起点は明治初期までさかのぼる。

魚が生息しない中禅寺湖で、男体山ろくの戸長による魚の放流が行われたのは1873年。後に政府もマスやサケの放流に乗り出し、地域の特産品となった。

折しも、外交官ら「上流」外国人が湖畔を訪れ始めた時期と重なる。その中に、三菱財閥最高顧問だったスコットランド人のトーマス・グラバーがいた。

スコットランド地方を想起させる情景にすぐに魅了され、1893年には湖畔に別荘を建てた。英国紳士のたしなみであるマス釣りに没頭し、日本における西洋式マス釣りの原点となった。晩年には2度、北米原産のマスを自費で購入し、湖近くの湯川に放流している。日光近代史研究家の福田和美さんは「二度と戻れない故国の面影を奥日光に重ね合わせていたのだろう」と推し量る。

1898年ごろ、奥日光で釣ったマスを前にしたグラバー（左）と、後に中禅寺湖漁業組合の総代となる大島久治（大島久夫氏蔵）

湖畔は徐々に国際的避暑地として国内外に認知されていく。昭和初期には40軒の外国人別荘が建ち、「夏場の外務省」と称された。

「奥日光を世界の釣り師の理想郷にする」。そんな計画を胸に抱いた男が大正後期、湖畔に姿を現す。鉱山開発で財を築いた日英混血のハンス・ハンターだ。

1924年に社交クラブ「東京アングリング・エンド・カンツリー

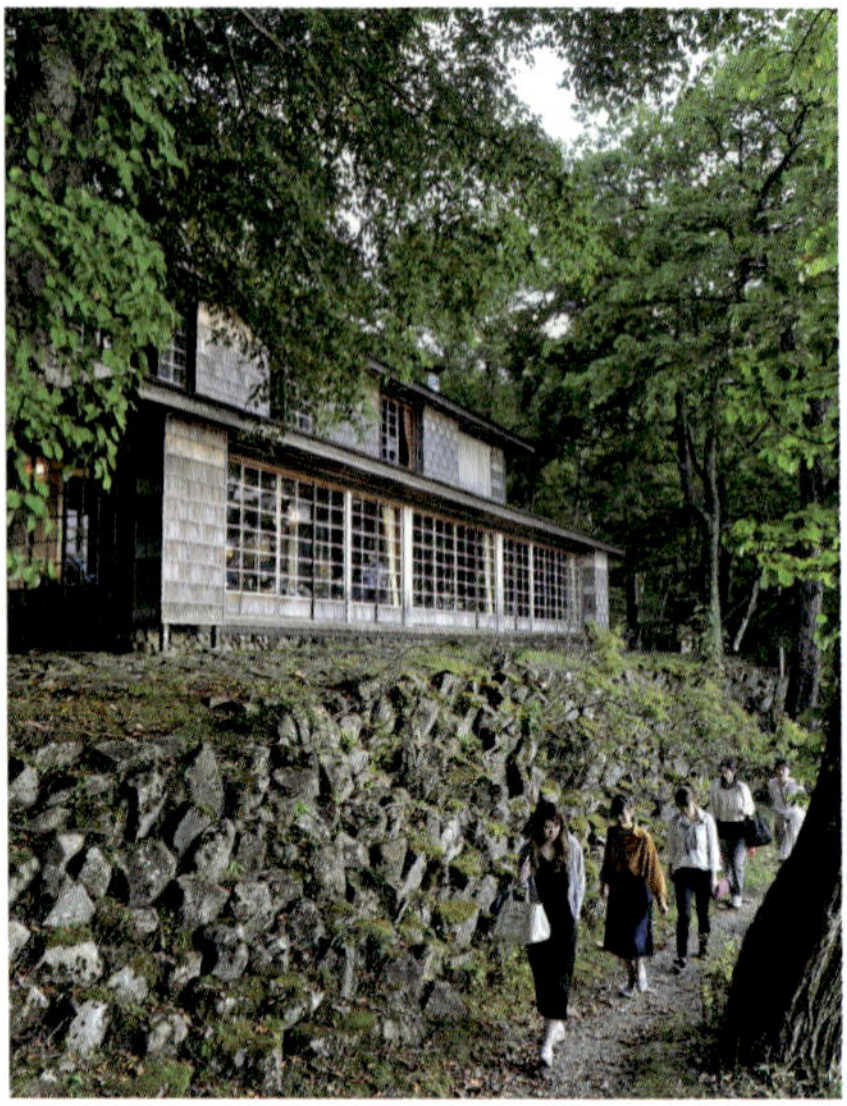

中禅寺湖畔に残る旧イタリア大使館別荘。県が改修を施し、公園として公開している

倶楽部《くらぶ》」を設立。時の首相が会長に就任し、グラバーの別荘を同倶楽部のクラブハウスに建て替えた。ゴルフ場などの建設も検討された。最盛期の昭和初期、国賓の英国皇子がクラブを訪問し、ハンターらと暖炉を囲んで歓談した。

だが軍靴の響きが高まるにつれ、雲行きは怪しくなる。第2次世界大戦開戦に伴い、会員の外交官らは国外へ。1940年8月にはクラブハウス内から出火し、最終的に残ったのは暖炉ぐらいだった。

翌年には太平洋戦争が始まり、もはやハンターにクラブを再建するだけの余力はなかった。ついには警察から解散を命じられ、終止符が打たれた。

「敗戦後に日光を訪れた外国人は、進駐軍の米国人だった。戦争によって、明治から続いたヨーロッパ風の避暑文化が終わったんだ」。福田さんはそうつぶやいた。

NIKKOブランド

絵画で観光都市アピール

「未成年者には毒になるほど金がもらえた。東照宮の陽明門を何枚描いたことか」。旧制宇都宮中を中退し、画工として日光の社寺の「おみやげ絵」を描いて小遣いにした若き日の小《こ》杉放菴《すぎほうあん》（1881―1964）がこう振り返る。

水戸出身で日光の萩垣面《はんがきめん》に住んでいた放菴の師、五百城文哉《いおきぶんさい》（1863―1906）が描いた水彩画は、ジャポニズム人気を背景にやって来た欧米の資産家たちに高値で売れた。

明治中期になって鉄道が日光まで延びると、外国人観光客が一挙に増える。

小杉放菴記念日光美術館の学芸課長田中正史《たなかまさふみ》さんは「欧米人が日光にエキゾチシズム（異国情緒）を感じたことが、五百城らには追い風になったのです」と解説する。

五百城らの作品にはしゃれたスタンプが押され「NIKKOブランド」になった。これを扱うコーディネーターと言える人物が旧壬生藩士の守田兵蔵《もりたひょうぞう》（1844―1925）だった。

所在地がはっきりせず「幻」といわれた日光美術館（日光市・ギャラリーなかむら提供）

守田は維新後、算術の知識を買われて鉱山技師に転じ明治中期、日光に来て実業家になった。日光商業銀行の設立などにかかわり、本町の自宅に「美術工芸品陳列場　鍾美館《しょうびかん》」を併設。そして鉱山時代に築いた人脈を生かし、全国から著名な画家、彫漆の職人、陶芸家を招いた。鍾美館は質の高い作品を生み出す、芸術家の交流の場になった。

守田は大きな構想を描いていたようだ。日光の社寺を絵画で海外に紹介すると早くから考えていたとされ、田中さんは「五百城の日光移住もその一環だったのではないか」とみている。

その後拠点は、明治末に本町の鍾美館から御幸町にあるネオ・バロック様式の「日光美術館」に移る。五百城が亡くなり、絵はがきが登

五百城文哉の水彩画「東照宮・陽明門」(小杉放菴記念日光美術館蔵)

場したことなどで絵画などが売れなくなり、仕切り直しが必要だったのかもしれない。

壬生町立歴史民俗資料館の調査によると、物産販売所である日光美術館は、後に日光町長となる壬生出身の西山真平《にしやましんぺい》(1840－1914)の広大な私邸を活用した。西山が経営者となり、守田と再出発するつもりだったのだろうか。しかし、経営難などで美術館は戦前に解体され、跡地には別の団体の施設ができた。

守田と西山の活動は結果的に行き詰まってしまったが、日光に芸術家を育て、文化を海外に発信した功績は大きい。資料館学芸員の中野正人《なかのまさと》さんは「国際観光都市のイメージができたのは、この試みがあったからだろう」と話す。

田母沢御用邸

天皇に愛された静養地

「陛下は皇后さまに、御用邸で過ごした皇太子時代の思い出を説明されていましたよ」。両陛下が私的旅行で日光市を訪問された２０１４年５月、行政関係者は、お二人の休憩中の様子をそう振り返った。

太平洋戦争末期の１９４４年７月、学習院初等科５年だった今上天皇は旧日光田母沢御用邸に疎開する。滞在は約1年間。米軍機が周辺に飛来するようになると、疎開先を奥日光・湯元のホテルへと移す。そして8月15日、ホテル内の一室で終戦を迎えている。

近代日光の発展は、皇室との結び付きを抜きにして語ることはできない。明治後期以降、御用邸のある日光に別荘を持つことは、社会的地位の高さの象徴だった。資産家たちが不動産を求め、地価は急騰した。

日光での避暑生活をことのほか好まれたのが大正天皇だった。御用邸には皇太子時代を含

往時の姿に復元された日光田母沢御用邸

めて23回訪れ、延べ974日に及んだ。

日光東照宮近くの山内御用邸（現・輪王寺本坊）で、一夏を過ごしたのがきっかけだ。涼しい日光の気候が「避暑や静養に最適」だったため、銀行家別荘のあった日光市本町に御用邸を造営した。管理事務所職員の鈴木孔二《すずきよしじ》さんは「風光明媚《めいび》な聖地の懐の深さを好まれたのではないか」と推測する。

完成は1899年6月。由緒ある建物を数多く移築して現在の形となった。その一つが御寝室や御座所のある三階建て部分。もともとは明治天皇が実際に住んでいた「仮皇居」だった。延べ床面積1360坪で、1棟の木造建築では国内最大規模という。

地元には、大正天皇のさまざまなエピソードが伝わる。明治末期の1910年8月、暴風雨で日光駅付近の大谷川堤防が決壊寸前となった。皇太子は現場に急行し、水防作業の消防隊を激励して回る。後には金一封を賜ったという。

間近で仕えた侍従武官の日記によると、公務の合間には隣接する植物園を散策し、霧降の滝などに遠出することもあった。ビリヤードが好きで、夕食後に侍従などと楽しんだ。「御玉突きの御相手承はる」との記載が何度も出てくる。

大正天皇の誕生日を祝う8月31日の「天長節」には、邸内で仮装行列や福引きなどが行われた。提灯《ちょうちん》行列を行った地元小学生らは御用邸玄関前で、君が代合唱や万歳三唱を実施。献上花火の打ち上げまであった。

終戦後、老朽化や荒廃が進んだ御用邸。県が1996年に取得して再整備したため、皇室ゆかりの遺産は危機を脱することができた。

七堂塔事件

所有権で紛糾、共存模索

日光を揺るがす「大事件」が発生したのは、1955年のことだ。日光東照宮境内にある七つの建造物（七堂塔）の所有権をめぐり、東照宮と日光山輪王寺の対立が表面化。7年後には法廷闘争にまで激化してしまう。「日光の百年戦争」「神と仏の争い」などと形容された。

この事態を招いた原因について双方の関係者とも「明治政府による神仏分離政策が、争いの起源だ」と口をそろえる。

七堂塔とは鳴竜で有名な本地堂（薬師堂）や五重塔、経蔵（輪蔵）などを指す。仏教的な色彩の建造物であるため、明治政府から輪王寺境内へ移すよう命じられた。だが、寺が移転費用の工面に窮した上、住民などの反対もあり、そのまま東照宮に据え置かれた。従来の姿を維持するという理想的な結論のはずだった。

所有権をめぐって、日光東照宮と輪王寺が法廷闘争を繰り広げた本地堂。その所有権は未確定だ

状況が急変したのは太平洋戦争後。国家の管理から離れて宗教法人となった全国の各神社は、社殿の所有権保存登記をする必要が出てきた。東照宮もその準備を始めた。

しかし同時期、輪王寺も七堂塔の登記を進めていた。「仏教的施設であり、薬師堂などは仏事で使用している」というのが理由だ。そして1955年10月、輪王寺が先に手続きを完了させた。

「寝耳に水」と怒ったのが東照宮だ。寺側に再三撤回を求め、宇都宮地裁に登記抹消の訴えを起こす。

「そもそも七堂塔の所有権がどちらにあったのか」。歴史認識をめぐって、双方は法廷で鋭く対立した。

一審は「七堂塔のうち、四つは東照宮、三つは輪王寺」とする痛み分け。二審は「すべて東照宮の所有」と一審を取り消す。最高裁では6年以上も審理と和解協議を続け、１９８３年5月に和解が成立した。事件発生から28年が経過していた。

「5堂塔を東照宮の所有とし、残る本地堂と経蔵は10年間、いずれの名義にも登記しない。帰属の合意ができた時点で登記する」というのが合意内容だった。

この結果について、輪王寺教化部長の鈴木常元さんは「多くの方に迷惑をかけた。二度と繰り返してはいけない」と自戒を込める。

一方、東照宮の稲葉久雄宮司は「この和解がなければ、双方が協調して世界遺産登録を目指すことはなかっただろう」と振り返った。

ただし、本地堂と経蔵の所有権は30年以上経過した現在も決まらず、両者の関係に影を落としている。「日光の社寺」が共存共栄を図るため、乗り越えなければならない重要な課題だ。

真価知り郷土の誇りに——エピローグ

下野新聞連載大型企画「聖地日光」は２０１４年秋の第１部「神になった将軍」から１年3カ月に及ぶ長期連載になった。古代・中世で神仏習合の関東の霊山になり、江戸時代には徳川の聖地、明治以降は欧米人の避暑地、さらに国際観光都市として知られるようになった日光の姿を描いてきた。エピローグではこれまでの取材を振り返った。

日光は地域の魅力度ランキングで毎年、全国トップの水準を維持している。日光を抱える栃木県が、昨年まで都道府県で40位台と下位を低迷し続けていた中で、輝きを放っている。

ブランド総合研究所社長の田中章雄《たなかあきお》さんは「栃木県では何も浮かばないが、日光ならばすぐ東照宮とサルを連想できる」と分かりやすさを挙げる。

日光東照宮

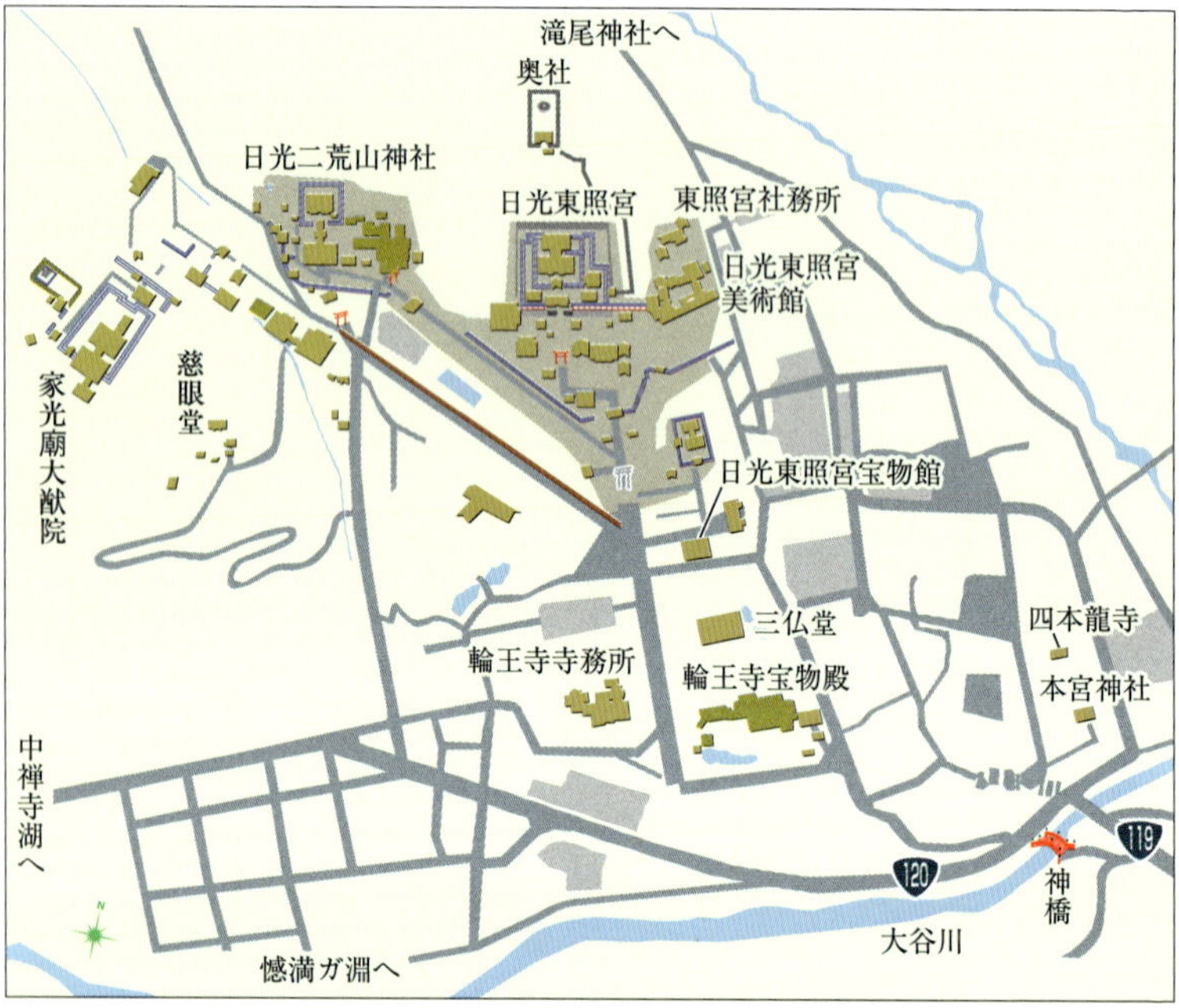
滝尾神社へ
奥社
日光二荒山神社
日光東照宮
東照宮社務所
日光東照宮
美術館
慈眼堂
家光廟大猷院
日光東照宮宝物館
三仏堂
四本龍寺
輪王寺寺務所
輪王寺宝物殿
本宮神社
中禅寺湖へ
119
120
神橋
大谷川
憾満ガ淵へ

中禅寺湖

千手ケ浜
湯元へ
第一いろは坂
日光市内へ
男体山
120
中宮祠
中禅寺湖
歌ケ浜
立木観音
イギリス大使館別荘
イタリア大使館別荘
第二いろは坂

2015年はその日光東照宮で「400年式年大祭」が執り行われた。下野新聞が長期連載「聖地日光」を企画したのも、この50年に1度という徳川家康の400回忌がきっかけだった。歴史の掘り起こしによって郷土愛が育まれ、県全体の発信力が高まらないかと考えた。

家康は1616年4月、側近の天台僧天海らに次のような趣旨の遺言をして亡くなっている。「一周忌がすぎてから下野の日光山に小さき堂を建てて勧請せよ。さすれば八州の鎮守となろう」

この有名な家康の言葉が日光を大きく変えた。2代将軍秀忠が遺言を守って1年後、日光に神廟東照社を造営。

東照社は3代将軍家光の時代に豪華な社殿に造り替えられ、朝廷から東照宮の号を与えられて今に至っている。

「日光に小堂を」という遺言の狙いは、関東への求心力を高めようとする仕掛けの総仕上げにあったのだろう。側近の天海は「東」の価値を高めるコーディネーターであり、東照宮は江戸時代、関八州（関東）を見渡す権威の象徴になった。

日光は勝道という地方僧が奈良時代末、日光山輪王寺の前身である四本龍寺と二荒山の

日光山内の南東にある四本龍寺周辺。日光発祥の地だがあまり知られておらず、訪れる人はほとんどいない

本宮神社を建立したことに始まる。霊峰男体山を苦難の末、開山。真言宗を開いた弘法大師空海が、勝道の事跡を「性霊集《しょうりょうしゅう》」に記し、広く知られることになった。2016年はこの四本龍寺の創建から1250年という。

中世に入ると、鎌倉幕府とつながりを深め、関東の一大霊場として大いに繁栄した。家康は鎌倉幕府を開いた源頼朝を崇敬しており、源氏ゆかりの濃厚な歴史を知った上で、「日光に」と遺言したのだろう。

日光は、世界遺産「日光の社寺」のほか、世界一の並木道「日光杉並木」や大正天皇の旧静養地「田母沢御用邸」、「夏場の外務省」といわれた中禅寺湖周辺を有する国際観光都市だといえる。周辺の市も将軍社参や朝廷派遣の例幣使が通った街道など、歴史的つながりを持っている。

地元に住む私たちはこうした真価をどこまで理解していただろうか。

今回の取材では東北から四国、九州にまで足を運び、100人以上の歴史学者、宗教家、観光関係者から話を聞いた。みながそろって日光の歴史的意義、潜在能力の高さを認めている。一方で、「魅力を生かし切れていない」という指摘も少なくなかった。

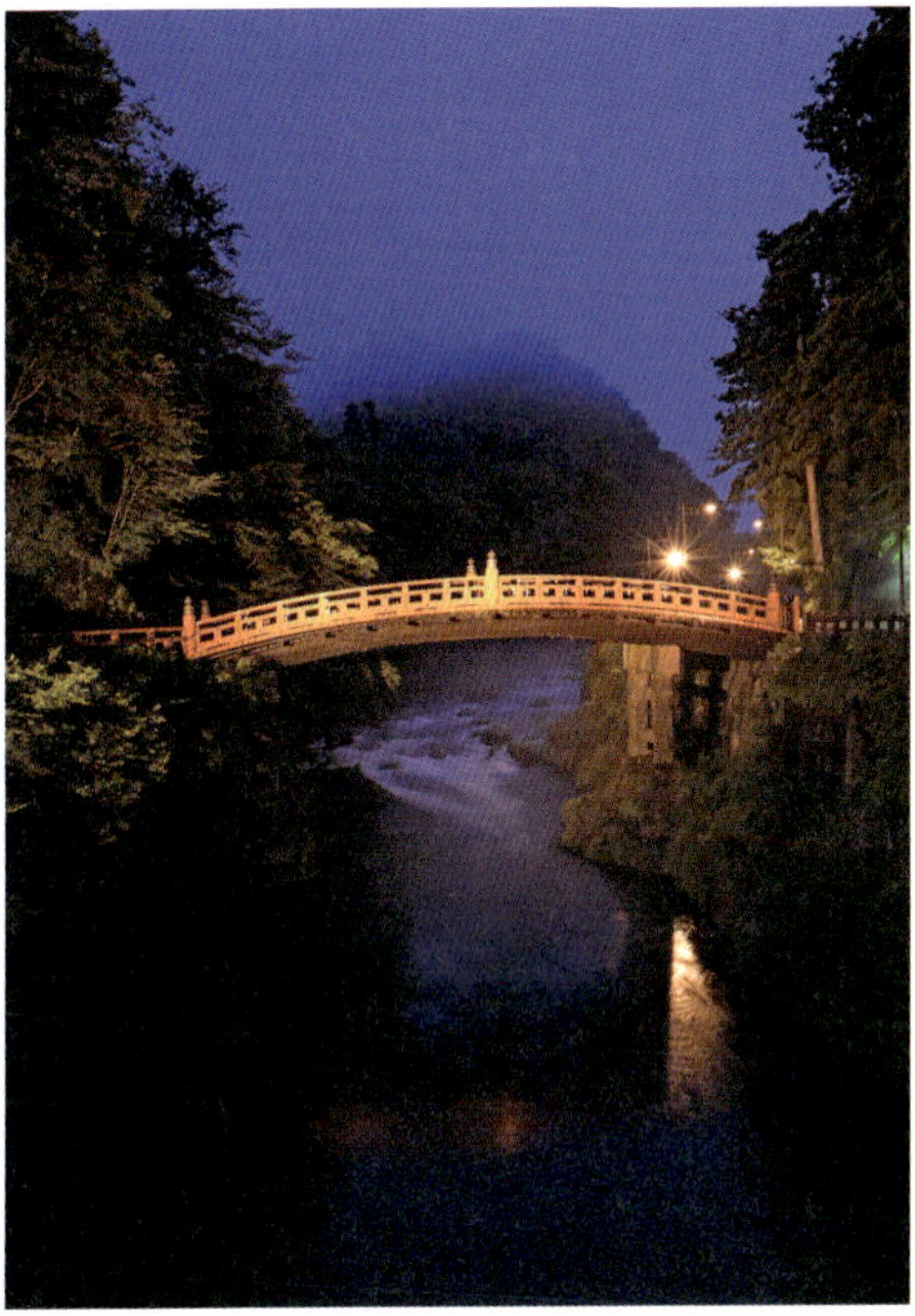
二社一寺の入り口、大谷川に架かる朱塗りの神橋

人口激減時代を迎え、「消滅可能都市」が現実味を帯びつつある。これを食い止めるため「地方創生」が内閣のスローガンになっている。鍵を握る一つが「歴史を知り、誇りに思う」ことではないだろうか。

あとがき

下野新聞社特別編集委員　綱川　栄

今から5年前、栃木県庁ＯＢとの懇談の席で「日光の価値が内外に理解されていない」という趣旨の話をしたことがある。

観光行政に精通した元部長を前に「世界遺産の日光の社寺は、近くにありながら多くの県民にはよく分からない存在」「真の日光を知ってもらう努力が必要ではないか」と、そんな話をした。

温和な元部長はその席で「全くその通り」と言った後で、「ただ日光はいろんな面で難解。そう思うのならまずは地方紙にいるあなたが、分かりやすく連載をしてみてはどうか」と剛球を投げ返してきた。

驚きの提案だったが、この投げかけが私を「聖地日光」へと導いてくれた気がする。それから3年後の２０１４年春、私は論説室から日光の大型連載担当としての辞令を受けることになった。徳川家康の４００回忌、開山１２５０年の直前というタイミングだった。

取材は日光支局長を経験した社会部の沼尾《ぬまお》歩《あゆむ》記者と駿府城址《すんぷじょうし》のある静岡市から入った。江戸幕府を開いた家康が、なぜ自らを「日光に祀《まつ》れ」と遺言したのかを探れば、日光全体の姿が見えてくる。歴史に精通した家康や天海が、日光をどう捉えていたかが分かるのではないかと考えたからだ。

日光は地名の由来さえ定かでない。難解といわれた背景には、兵火によって歴史的史料などが失われていること。伝説や宗教に覆われて、より神秘的になっていることがある。

これらの中で、何が信頼できる史料なのか。これは上野寛永寺の浦井正明《うらいしょうみょう》さん、栃木県立博物館名誉学芸員の千田孝明《ちだこうみょう》さん、地元日光の田辺博彬《たなべひろあき》さんら数多くの宗教家、研究者からご教示をいただいた。

難解な言葉は、日光にふさわしい歴史、宗教用語でもなるべく使わないようにした。歴史に関心を持って観光地に来る人は1割程度といわれる。しかし、それ以外の方々にも広く「日光を知って、誇りに思い、発信してもらおう」という発想で執筆した。

連載は坂本裕一《さかもとゆういち》編集局長、デスクの高橋淳《たかはしじゅん》報道センター長のもと、2014年10月から翌年12月までの1年3カ月に及んだ。一部の取材には茂木信幸《もてぎのぶゆき》日光今市総局長、生沢一浩《いけざわかずひろ》日光支局長が加わり、写真の大半は写真映像部記者が撮影した。

掲載中に江戸期の将軍が日光東照宮まで参詣した道をたどる日光社参ウオークが開催された。「泰平の世」を希求して日光に鎮座する家康と、東照宮を造営し、寄り添うように眠る天海の人生には興味をかきたてられる。

この書が聖地日光のさらなる掘り起こし、地方創生につながれば幸いだ。

終わりに、取材への協力をいただいた日光の社寺をはじめ全国の宗教関係者、研究者の皆さまに感謝いたします。連載中にご支援、激励をいただいた読者の皆さまにも、この場を借りてお礼を申し上げます。

あとがき

下野新聞社編集局社会部　沼尾　歩

重い脚を引きずりながら目的地へと向かう旅人のような心境だった。

連載企画「聖地日光」に費やした歳月は、およそ1年半。取材を進める過程で数々の文献に当たり、さまざまな立場の研究者から見解を伺った。歴史の奥深さに驚かされ、謎はますます深まった。

そんな時は決まって、日光に車を走らせた。森閑とした早朝の境内やこけむした石畳を黙々と歩いた。生い茂る木々からは、霊気が立ち昇ってくるようだった。

多様な解釈が可能であり、答えがあるかどうかも分からない。証拠となる史料もほとんど残っていない。

しかし、通い詰めるうちに、無言のはずの社殿や宝物が、雄弁に語り出すのを感じた。徳川家康や3代将軍の家光、「日光中興の祖」天海らが何を考え、どう行動したのか。向き合い続けることで、霧は次第に晴れていった。

記事の大半を掲載した2015年、日光東照宮では「400年式年大祭」が執り行われた。50年に1度の「御神威が最も高まる年」。くしくも太平洋戦争の終結から70年の節目と重なった。私たちが今享受している平和は、たった70年にすぎない。

一方、家康や家光が礎を築いた江戸時代は「島原の乱」後から約230年もの間、戦乱による死者を出さず、庶民が平和裏に生活することができた。

「皆よく肥え、身なりも良く、幸福そうである。一見したところ、富者も貧者もいない。これがおそらく人民の本当の幸福の姿というものだろう」。幕末期に来日した米国の初代駐日総領事、タウンゼント・ハリスが残した言葉だ。

そんな江戸時代を知る格好の材料が、日光にある。東照宮の彫刻の一つ一つに込められた「思い」を知れば知るほど、先達が造り上げた「泰平の世」を理解できるはずだ。

私たちの郷土は、世界に誇れる素晴らしい歴史や文化、自然であふれている。そんな事実を、より多くの人に再発見してほしかった。かつて「文化不毛の地」とやゆされたような本県への誤った認識を、少しでも覆したかった。

目的をどこまで達成できたかは分からない。「分かりやすく」を心がけたが、力不足も多分にあっただろう。それでも最後まで走り切ることができたのは、電話や手紙で叱咤激励をしてくれた読者の方々の存在があったからだ。想像を超える読者の方々の声に支えられ、今回の書籍化も実現した。

私たちの取り組みがきっかけとなり、「日光に行ってみよう」と思ってくれる人が増えたら、何よりもうれしい。

主な参考文献

「日光二荒山神社」日光二荒山神社社務所　１９８２年
「東照宮史」日光東照宮社務所　１９２７年
「日光山輪王寺史」　日光山輪王寺　１９６７年
「日光山東照宮三百年祭」やまと新聞宇都宮支局　１９１５年
「徳川家康公伝」中村孝也　東照宮三百五十年祭奉斎会　１９６５年
「日光東照宮の寶物」日光東照宮社務所　１９９３年
「世界遺産　日光の社寺」日光市教育委員会　２００１年
「東照社縁起」小松茂美編　中央公論社　１９９４年
「日本仏教史　近世篇之二」辻善之助　岩波書店　１９９２年
「日光史」星野理一郎　日光山輪王寺門跡寺務所　１９７７年
「東照宮」大河直躬　鹿島出版会　１９７０年
「日光山輪王寺 宝ものがたり」中里昌念 柴田立史 東京美術　１９９２年
「下野国誌」河野守弘　下野新聞社　１９８９年
「徳川実紀　家康公伝1～5」大石学ほか編　吉川弘文館　２０１０～１２年
「天海僧正と東照大権現」栃木県立博物館　１９９４年
「天海大僧正と会津」会津美里町教育委員会　２０１２年
「南光坊天海の研究」宇高良哲　青史出版　２０１２年
「比叡山　その歴史と文化を訪ねて」比叡山延暦寺　２００１年
「日本の歴史13江戸開府」辻達也 中公文庫　１９７４年
「神と仏のはざま　家康と天海」菅原信海　春秋社　２０１３年
「日光　その歴史と宗教」菅原信海・田邊三郎助　春秋社　２０１１年
「家康はなぜ江戸を選んだか」岡野友彦　教育出版　１９９９年
「日光東照宮語りつぐ」　稲葉久雄　ＪＡＦ ＭＡＴＥ社　２０１１年
「もうひとつの徳川物語」浦井正明　誠文堂新光社　１９８３年
「寛永寺」寛永寺教化部編　東叡山寛永寺　１９９３年
「慈眼大師全集　上、下巻」寛永寺編　寛永寺　１９１６年
「駿府の大御所徳川家康」小和田哲男　静岡新聞社　２００７年
「神君家康の誕生 東照宮と権現様」曽根原理　吉川弘文館　２００８年
「栃木県　明治百年野州外史」村上喜彦　下野新聞社　１９６９年
「日光パーフェクトガイド」日光観光協会監修 下野新聞社　２０１２年
「下野の戊辰戦争」大嶽浩良 下野新聞社　２００４年
「日光開山勝道上人」星野理一郎　勝道上人発行事務所　１９５４年
「二荒山神社考」雨宮義人　三恵出版貿易　１９７３年
「世界遺産登録記念　聖地日光の至宝」栃木県立博物館　２０００年
「徳川家光」藤井讓治　吉川弘文館　１９９７年
「徳川家光」野村玄　ミネルヴァ書房　２０１３年
「東照宮の近代―都市としての陽明門」内田祥士　ぺりかん社　２００９年
「上野国世良田　長楽寺改宗と天海」橋本幸雄　岩田書院　２００７年
「日光の故実と伝説」星野理一郎　栃木県連合教育会　１９６０年
「人物でみる栃木の歴史」栃木県歴史文化研究会編　随想舎　２０１１年
「寛永諸家系図伝」日光東照宮社務所編纂　１９８９、９０年
「日光東照宮」矢島清文　現代教養文庫　１９６１年
「自然礼賛」野口米次郎 第一書房　１９２６年
「碧い眼に映った日光 外国人の日光発見」井戸桂子　下野新聞社　２０１５年
「ブルーノ・タウト」田中辰明　中公新書　２０１２年
「日光山麓史」田辺博彬　随想舎　２０１２年
「明治維新と日光」柴田宜久　随想舎　２００５年
「知られざる日光」読売新聞社宇都宮支局　随想舎　１９９４年
「日光東照宮の成立」山澤学　思文閣出版　２００９年
「謎と不思議 東照宮再発見」高藤晴俊　日光東照宮　１９９０年
「日光東照宮の謎」高藤晴俊　講談社現代新書　１９９６年

「彰義隊」吉村彰　新潮文庫　２０１１年
「北白川宮生涯」有馬頼義　別冊文芸春秋第１０５号　１９６８年
「日本の肖像第11巻　旧皇族・北白川家」　毎日新聞社　１９９０年
「鴎外歴史文学集第1巻　能久親王事蹟」森鴎外　岩波書店　１９８７年
「日光男体山 山頂遺跡発掘調査報告書」二荒山神社編 角川書店　１９６３年
「日光山と関東の修験道」宮田登、宮本袈裟雄 名著出版　１９７９年
「侍従武官日記」四竈孝輔　芙蓉書房出版　１９８０年
「日光近代学事始」栃木県歴史文化研究会編　随想舎　１９９７年
「日光鱒釣紳士物語」福田和美　山と渓谷社　１９９９年
「日光避暑地物語」福田和美　平凡社　１９９６年
「光秀行状記」明智滝朗　中部経済新聞社　１９６６年
「新訳 日本奥地紀行」イザベラ・バード 金坂清則訳 平凡社　２０１３年
「朝鮮通信使―江戸日本の誠信外交」仲尾宏　岩波新書　２００７年
「朝鮮通信使―江戸日本への善隣使節」仲尾宏 日本放送出版協会　２００１年
「殉死の構造」　山本博文 講談社学術文庫　２００８年
「幕末の悲劇の会津藩主 松平容保」綱淵謙錠ほか 新人物文庫　２０１３年
「新解釈　関ヶ原合戦の真実 脚色された天下分け目の戦い」白峰旬
宮帯出版社　２０１４年
「司馬遼太郎が考えたこと 2」司馬遼太郎　新潮社 ２００１年
「国宝東照宮陽明門」日光社寺文化財保存会編 日光東照宮　１９７４年
「土佐藩戊辰戦争史料集成」林英夫編　高知市民図書館　２０００年
「国宝東照宮本殿石之間拝殿」日光二社一寺文化財保存委員会編
東照宮　１９６７年
「国宝輪王寺大猷院霊廟本殿・相之間・拝殿修理工事報告書」
日光二社一寺文化財保存委員会　１９６６年
「日光東照宮の宝物」日光東照宮社務所編 日光東照宮社務所　１９８５年
「大日本佛教全書『本光国師日記』など」鈴木学術財団　講談社　１９７２年
「日本紀行文集成第4巻『日光山紀行』」日本図書センター　２００１年
「舜旧記（史料纂集）」続群書類従完成会　１９９６年
「日光開山・沙門勝道の人物像」小林崇仁
『蓮花寺佛教研究所紀要』第2号　２００９年
「フィクションとしての小山評定―家康神話創出の一事例」
別府大学大学院紀要１４号、別府大学大学院文学研究科　２０１２年
「山岳修験第２８号『勝道碑文と日光男体山頂遺跡』」橋本澄朗
日本山岳修験学会　２００１年
「歴史地理６８巻『日光山常行堂安置源頼朝遺骨の検討』」藤井萬喜太
日本歴史地理学会　１９３６年
「季刊悠久９７号　特集『東照宮の信仰』」　おうふう　２００７年
「日光東照宮と将軍社参」徳川記念財団　２０１１年
「徳川家康と駿府大御所時代」静岡市　２００８年
「天下人を祀る　神になった信長・秀吉・家康」
滋賀県立安土城考古博物館　２００８年
「小山評定と関ヶ原合戦」小山市立博物館　２０１４年
「若狭小浜藩　大老酒井忠勝とその家臣団」若狭歴史博物館　２００９年
「鹿沼史林第32号『東国の中の日光山』」千田孝明
鹿沼史談会　１９９２年
「黒田家　その歴史と名宝展」福岡市博物館　２０１４年
「日光市史　上、中、下巻」日光市　１９７９年
「鹿沼市史資料編　古代・中世」鹿沼市　１９９９年
「八王子市史」八王子市　１９６３、１９８０年
「徳川家と日光東照宮」宝島社　２０１５年
「週刊日本の世界遺産&暫定リスト19日光」朝日新聞出版　２０１２年
「週刊日本の１００人　３徳川家康」「15徳川家光」「番外編松平容保」
デアゴスティーニ・ジャパン　２００６〜０８年

取材スタッフ
〔デスク〕 高橋　淳
〔執　筆〕 綱川　栄　　沼尾　歩　　生沢一浩
〔撮　影〕 野上裕之　　山口達也　　福田　淳

世界遺産 聖地日光

2016年4月27日　初版第1刷発行
2016年6月23日　第2刷発行

著　者　下野新聞社編集局

発行所　下野新聞社
〒320-8686　栃木県宇都宮市昭和1-8-11
TEL　028-625-1135(編集出版部)　FAX　028-625-9619
印　刷　株式会社シナノパブリッシングプレス
装　丁　栄舞工房

ISBN 978-4-88286-620-6